市民とつくる図書館

参加と協働の視点から

青柳英治〈編著〉 *Eiji AOYAGI*

勉誠出版

はしがき

わが国の公立図書館は、一九七〇年代以降、小説や実用書など気軽に読める図書を提供することで貸出冊数と利用者数を伸ばしてきた。この戦略は図書館の利用を促す一定の効果があったと言える。一九八〇年代の後半になるとわが国の経済は絶頂期を経て成熟期へと移行した。これを機に、図書館は市民が直面する多様な課題を解決するために資料・情報の提供を通して市民を支援していく方向に舵を切り替えるようになった。一九九〇年代に入ると、情報通信技術の進展に伴い資料・情報の入手ルートが多様化してきた。この変化により、市民が入手できる情報も玉石混交となり、正確性や信憑性といった情報の質が問われ始めた。二〇〇〇年代から今日に至るまでこの傾向はますます顕著となっている。

二〇一九年以降の新型コロナウイルス感染症の拡大により、社会・経済を取り巻く状況は大きく変わり各種の格差が広がっている。特に、所得格差は有料の資料・情報にアクセスできるか否かにかかわってくるため、市民に情報格差を招きかねない。公立図書館は、資料・情報へのニーズをもつあらゆる市民に対し、資料・情報への公正なアクセスを確保するとともに、学習活動の支援機能を果たすことが期待されている。すなわち、公立図書館は社会的包摂の一翼を担っていると言える。こうした公立図書館の機能は、今日のような厳しい状況において多くの市民に周知される必要がある。そのために、市民が公立図書館のサービス活動や運営に主体的にかかわることで図書館活動に対する理解が生まれ、図書館が市民自らの生活にかかわりのある場として認識できるようになる。また、公立図書館はサービス提供にあたり、社会・経済の変動を捉えて市民の情報ニーズを満たせるよう対処していくことが求められる。市民参加と協働の形態は、そうしたニーズを把握できる「アンテナ」の役割をも果たすことになるだろう。

本書では、地方自治体の政策過程における市民参加と協働の考え方を参照軸とし、特に「ひと」の側面に焦点をあてることで公立図書館の施設計画と施設設計、ならびにサービス提供と管理運営を対象に検討する。その際、図書館行政の政策過程に市民が参加し協働する状況を「市民とつくる図書館」と捉えた。本編では、当事者（当時または現在の行政・図書館関係者、施設設計者）が紹介する事例から、市民が図書館づくりに主体的にかかわるようすが見て取れる。この状況から、市民に「自分たちのまちの図書館」という意識が芽生え、公立図書館に対する理解も深まり図書館の活用へとつながっていく。さらに、公立図書館が地域の活性化にも寄与することから「図書館が地域をささえる」ことにもつながる。

本書の構成は次のとおりである。序章では、編者である青柳が読者の理解を助けるために「市民とつくる図書館」の考え方を説明した。以降、本編を二部構成とした。

第Ⅰ部は「施設設計の側面から捉えた事例」として、設計に携わった建築家に執筆を依頼し、四つの公立図書館を取り上げた。第一章と第二章では新居千秋氏に大船渡市立図書館と小牧市中央図書館、第三章と第四章では柳瀬寛夫氏に気仙沼図書館と日進市立図書館の状況をそれぞれご紹介いただいた。

第Ⅱ部は「施設計画・管理運営の側面から捉えた事例」として、当時または現在の行政・図書館関係者、ならびに市民団体の代表に執筆を依頼し、四つの公立図書館と一つの市民団体を取り上げた。第五章では古瀬義孝氏に伊万里市民図書館、第六章では是住久美子氏に田原町（現田原市）図書館、第七章では嶋田学氏に瀬戸内市民図書館、第八章では伊東直登氏に塩尻市立図書館、そして第九章では若杉隆志氏につづき図書館ファン倶楽部の状況をそれぞれご紹介いただいた。終章では、青柳が各章で紹介された事例をもとに市民による参加と協働を通した図書館づくりのプロセスを整理した。公立図書館は市民による参加と協働を得ることで、その機能と役割を高めることができ、ひいては地域の活性化にも寄与し得ることを提示した。

本書は地方自治体における市民参加と協働の視点をもとに、公立図書館の建設要望から基本計画・設計、実施設計、建設、さらに開館後のサービス提供や管理運営に至るまでを、事例をもとに紹介した。編者としては、当事者である執筆者の方々に時系列に状況を述べてもらうことで、読者に図書館づくりの過程をわかりやすく伝えることを心掛けた。また、本文中の表現のしかたや図表のつくりかた等については、各執筆者の意向を尊重した。

最後に本書に原稿をお寄せくださった執筆者の皆様、本書の刊行に尽力くださった勉誠出版の坂田亮氏に厚く御礼申し上げる。

二〇二一年一一月

青柳英治

目次

第Ⅱ部　施設計画・管理運営の側面から捉えた事例

〈序章〉

「市民とつくる図書館」とは

青柳英治（明治大学文学部教授）

1．本書の刊行に至るまで

筆者は、二〇一六年に編著『ささえあう図書館――「社会装置」としての新たなモデルと役割』を勉誠出版から刊行した。同書では、図書館と市民・利用者との関係を「ささえあう」と捉えることによって、図書館の果たす役割、両者のあり方などを検討し、図書館が社会的な装置としての役割を担い得ることを示した。

図1は図書館と市民・利用者によるささえあう状況を示している。図書館は、課題解決支援やアウトリーチといったサービスを提供することで、市民や利用者をささえている（①の部分）。

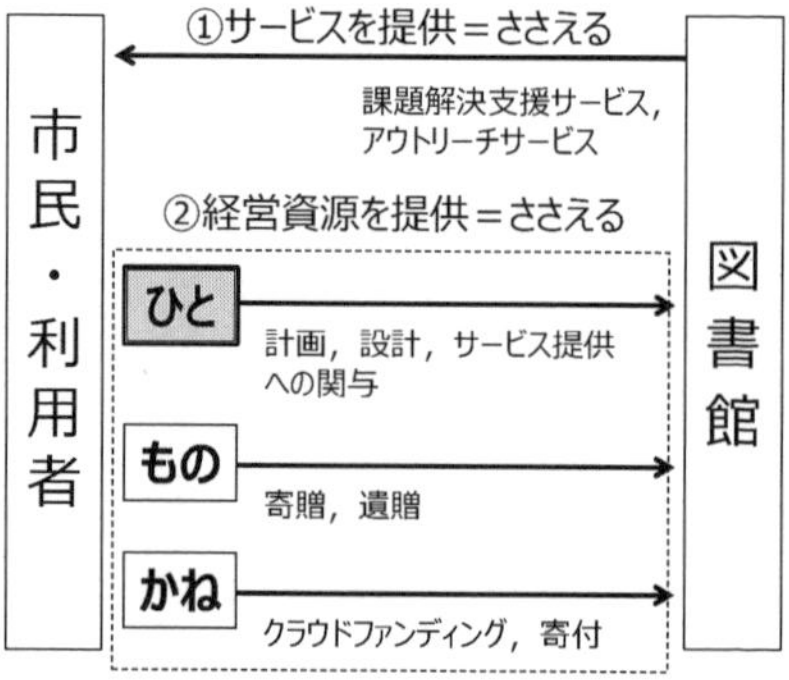

図1　『ささえあう図書館』の概念図
（出所）筆者作成

課題解決支援については、市民や利用者が抱える仕事や生活上の多様な課題を解決するサービスの一つとして、ビジネス支援の事例を取り上げた。アウトリーチについては、図書館への来館が困難な視覚障がい者、入院患者、矯正施設の入所者、東日本大震災の被災者に向けた図書館サービスの事例を取り上げた。

　他方、市民や利用者は、図書館が運営やサービス提供にあたり必要とする「ひと」「もの」「かね」といった経営資源を提供することで、図書館をささえている（②の部分）。「ひと」については、シンポジウムの開催を通して図書館の計画や設計に市民の意見を反映させたり、市民がボランティアとして図書館サービスを支援したりする事例を取り上げた。「もの」については、市民や利用者が資料を図書館に寄贈する事例を取り上げた。そして、「かね」については、図書館活動をささえる地元の有志らがクラウドファンディングを活用して資金調達を行い、得られた支援金をもとに図書館に図書を寄贈する事例を取り上げた。

　このうち、「ひと」の協力を得るにあたっては、図書館の計画や設置にかかわる人たちと、図書館サービスの提供にかかわる人たちに分けて捉えられることを述べた。しかしながら、同書では、事例をもとに十分に検討するまでには至らなかった。そこで、本書では、特に地方自治体が設置した公立図書館を対象に、市民参加と協働の視点から図書館をささえる「ひと」の側面に焦点をあてることにした。

2. 自治体行政にかかわる参加と協働

(1) わが国における市民参加の動向

ここではわが国における市民参加の動向を確認する。[1] わが国は一九六〇年代後半から一九七〇年代初頭にかけて高度経済成長を経験した。これにより、国民の所得水準は飛躍的に向上し、物質的に豊かな生活を享受できるようになった。他方、農村部では過疎化や高齢化が進行し、都市部では急速な人口集中により住宅事情の悪化や交通渋滞、工業化に伴う大気汚染など経済活動の負の側面ともいうべき諸問題が顕在化した。そのため、生活環境の改善や救済を求めて、全国で住民運動が展開されるようになった。このころ、地域の現状を市民と直接話し合い、市民ニーズを引き出そうとした自治体も現れた。

一九七〇年代に起こった二度にわたる石油ショックの影響などにより、経済は低成長期へと移行した。さらに、公害対策が進展し、社会資本の整備も進んだことから、一九七〇年代後半以降、住民運動は沈静化した。しかし、前述した革新的な自治体における市民参加の成果は、全国の地方自治体に波及し、その後の政策に少なからず影響を与えた。

一九八〇年代後半から一九九〇年代にかけては、ライフスタイルの多様化に伴い、市民によるレクリエーションや文化活動、さらに生涯学習といった諸活動が活発になった。反面、コミュニティにおける相互扶助関係が希薄となり、個人や家族に不安感や孤立感が広がった。おりしも、一九九五年に阪神・淡路大震災が発生し、安心・安全な暮らしを確保する上で地域における自主的・主体的な取り組みの重要性が再認識されるに至った。こうしたことが契機となり、一九九八年に特定非営利活動促進法（NPO法）が施行された。また、一九九〇年代初頭にバブル経済の崩壊によって経済成長が鈍化し、地方自治体においても財政の危機的状況が加速化した。そのため、多額の投資を要する公共事業への市民の目は厳しさを増していった。

こうした状況を改革する一方途として、二〇〇〇年にいわゆる「地方分権一括法」が施行された。機関委任事務制度[2]の廃止等により自己決定権が拡充され、それを活用することによって、地方自治体では地域特性や市民ニーズに対応したまちづくりが要請されることになった。その際、ローカル・ガバナンスという概念が重視された。すなわち、公共問題を解決する主体や担い手は、必ずしも行政だけでなく、地域を構成する市民や民間企業による参加、ならびに協働やパートナーシップによって解決していくべきというものである。そのため、市民が地方自治体の政策過程にどのように関与していくのかが問われることになる。

（2）参加と協働とは

まず、市民による参加と協働の定義を確認する。市民参加とは、市民が地域的公共的課題の解決に向けて、行政や社会等に対して何らかの影響を与えようとする行為と定義できる。この定義には三つの要素が含まれている。第一に、参加主体が「市民」であること。市民と住民との違いについては、自立性や主体性の程度、住民票・納税・選挙権の有無等により「市民」であるか否かを一義的に判断せず、できるだけ広範な視点で捉えるとしている。本書における「市民」も、この考え方に基づいている。第二に、「地域的公共的課題の解決に向けた行為」であること。これは地域で取り組むべき公共性の高い課題を指している。第三に、「自発的な行為」であること。参加には動機を問わず、自発性が求められている。(3) 他方、市民協働とは、地域的公共的課題を解決するために、地域を構成する各主体が目的を共有し、互いの特性や違いを認め、それを尊重しつつ、対等な立場で役割分担を行いながら、相乗効果を発揮するよう協力・連携を行うことと定義できる。(4)

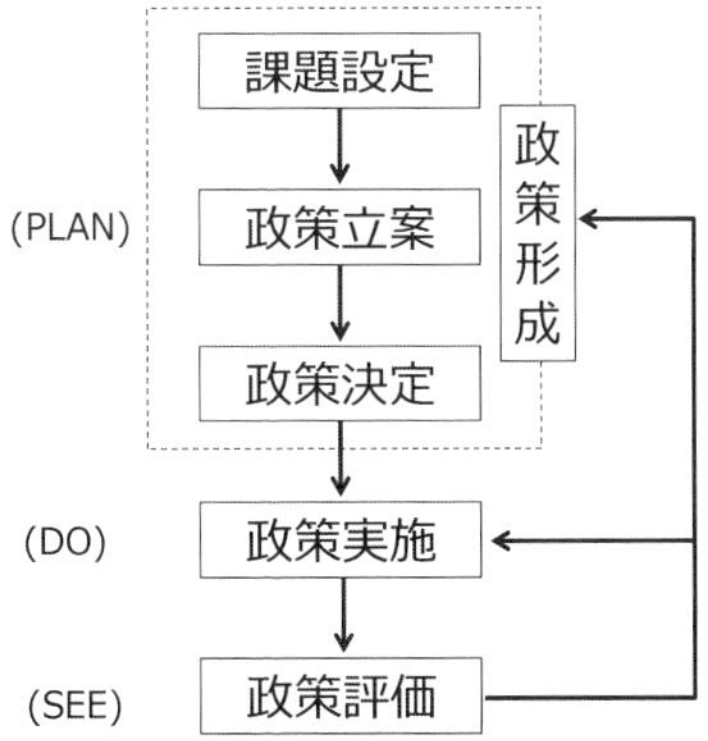

図2　政策過程モデル
(出所)佐藤徹ほか共著『新説 市民参加——その理論と実際』公人社、2005年、p.17.

次に、図2に示した行政にかかわる政策過程モデルの中で、市民による参加と協働がどのように位置づけられるかを説明する。政策過程は、課題設定、政策立案、政策決定、政策実施、政策評価からなる。課題設定から政策決定までを政策形成としてPLAN、政策実施をDO、政策評価をSEEの三フェーズに区分し、政策評価から政策形成や政策実施へフィードバックすることで、PDSサイクルとして捉えることができる。

本書では、市民による参加を、理念・基本的方向から具体的施策におよぶ広義の自治体政策の形成過程（＝政策形成段階（PLAN））において、課題の当事者としてより深く主体的にかかわることと捉える。(5) そのため、参加を政策形成段階の主たる形態とみなす。さらに、市民による協働を、政策の実施過程（＝政策実施段階（DO））を念頭に、より質の高い公共サービスの実現を目的とする市民と行政との対等な立場での協力関係と捉える。(6) そのため、協働を政策実施段階の主たる形態とみなす。この考え方をもとに以降、図書館における参加と協働を捉えていく。

政策形成段階（PLAN）では、各種の計画案の策定過程や個々の事業計画における参加の手法として、シンポジウムやフォーラム、ワークショップなどが用いられる。シンポジウムやフォーラムは、比較的幅広いテーマについて公開の場で討論や意見交換を行う多数参加型のイベントである。企画段階から運営までを市民と行政とが共同で行う場合もある。ワークショップは、目標や課題を設定し学習しながら取り組む参加体験型プログラムである。KJ法やタウンウォッチング、ロールプレイなどが導入されることが多い。政策実施段階（DO）では、決定された計画や事業の実施段階における市民との協働として、たとえば計画決定された公園づくりに市民が参加したり、市民・行政・事業者らが実行委員会方式によって市民祭りなどの行事を企画・運営したりすることが挙げられる。政策評価段階（SEE）では、説明責任の追及と透明性の確保が求められる。たとえば、事務事業評価の結果に対する意見表明、外部評価委

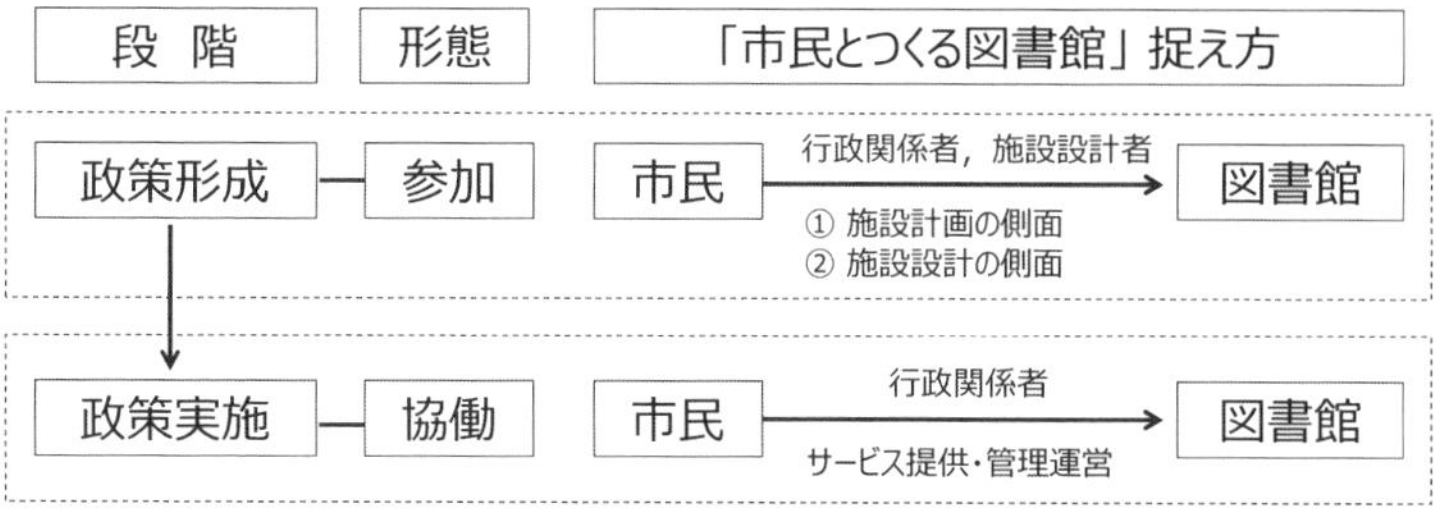

本書では，各図書館の事例を，章単位として第1部を②，第2部を①の側面から構成しているが，各事例の中に参加と協働にかかわる内容が含まれている。

図３　本書における図書館の参加と協働
（出所）筆者作成

員会への市民公募としての出席などが挙げられる。[7]

3．図書館における参加と協働

図３は本書における参加と協働を示している。本書では、図書館の政策形成段階（ＰＬＡＮ）における参加を、次の二つの側面から捉える。一つは施設計画にかかる側面であり、もう一つは施設設計にかかる側面である。政策形成のプロセスにおいては、前者の側面では、市民が行政関係者などと、後者の側面では、市民が施設設計者や行政関係者と、それぞれ主体的にかかわっていく。図書館の政策実施段階（ＤＯ）における協働では、市民の参加によって図書館が開館した後も、市民は行政と役割分担しながら継続して図書館活動を支援し、サービス提供や管理運営に連携協力していく。[8]

本書では、このように市民が図書館行政の政策過程に参加し協働する状況を「市民とつくる図書館」と捉える。執筆は、当時または現在の行政・図書館関係者、施設設計者に依頼し、各図書館の計画、設計、そして建設を経て開館に至るまでの過程を、市民による参加と協働の視点を含めて紹介していただいた。ただし、つづき図書館ファン倶楽部については、市民の立場から団体の代表者に執筆いただいた。具体的には、主に第Ⅰ部では施設設計の側面から捉えた四つの図書館の事例を、第Ⅱ部では主に施設計画・管理運営の側面から捉えた五つの事例（四つの図書館と一つの団体）をそれぞれ紹介している。第Ⅰ部、第Ⅱ部ともに、各章では参加と協働の両方にかかわる内容を含んでいる。

4. 本書で取り上げる事例の概要

ここでは、施設設計の側面から捉えた四つの事例と、施設計画・管理運営の側面から捉えた五つの事例の概要を紹介する。

(1) 施設設計の側面から捉えた事例

大船渡市立図書館は、市民文化会館と各種施設からなる複合施設内にある。図書館は、プロポーザル段階では建設の予定はなかったが、ワークショップを行う中で市民からの強い要望によりつくられた。「みんなで大船渡市民文化会館を創る会」（以下創る会）を立ち上げ、市内の調査ツアーを行い、ワークショップでは設計者がファシリテータとなり模型の作成や話し合いにより市民の要望を基本設計と実施設計に反映していった。このプロセスを通して、市民参加から市民参画へと深化を遂げ、市民が誇りや憧れを抱く施設づくりを進めた。施設の完成後、創る会は市民参画による自主事業を行う委員会へと発展し、協働の精神が引き継がれている。

小牧市中央図書館は、新施設の建設にあたり当初の基本設計案が住民投票で否決され、公開型プロポーザル方式により新たな設計者が決まった。設計は市民の居場所づくりを目指し、設計者からの提案をもとに市民ワークショップを開いて進められた。具体的には、中学・高校生といった次世代を担う人たちを対象に「まちづくりスクールミーティング」が行われた。引き続き、ワークショップを四回開き、幅広い世代の市民から出された多様な意見を基本設計や実施設計に反映していった。参加者の中には、新図書館の企画・運営に携わることを希望する者もいて、参加から協働へのつながりが感じ取れる。

気仙沼図書館は東日本大震災で被災したため新たに建て替えられた。その際、震災前から再編が検討されていた児童センターと複合化することになった。震災の影響を考慮し、設計段階では市民の意見を反映するためのワークショップは開かれなかった。しかしながら、設計の終了間際から工事段階を経て開館に至るまで、継続的に市民ワークショップが行われた。その成果として、建物の外壁の色に意見を反映したり、開館後に児童センターを利用したイベント企画へとつなげたりした。市民と行政との協働によるワークショップの開催により、複合施設であることの効果を高めている。

日進市立図書館は、施設の基本計画から設計、建設段階に至る過程でワークショップを開き、市民の意見を取り入れてきた。行政は基本計画の策定にあたり公開による意見交換会を開催した。基本設計の段階では、市民ワークショップを五回開き、図書館での過ごし方、ヤングアダルトコーナーの配置のあり方などを検討した。建設段階でもワークショップを二回行い、建設予定地にロープを張って建築の外形を確認し合ったり、子どもたちが建設機械に試乗して現場を体験したりした。さらに、開館後も市民を対象に屋上緑化にかかわるワークショップを行うなど、本や情報を通した学びの深化を求める市民の期待に応えようと努めている。

(2) 施設計画・管理運営の側面から捉えた事例

伊万里市民図書館では、新館計画にあたり市民が参加する「図書館づくりをすすめる会」(以下すすめる会)や「図書館建設懇話会」を通じて、図書館建設の要望書や公開質問状が提出された。設計時も設計者がグループヒアリングを行い、市民の意見や要望が反映された。また、市民は、行政が開いた勉強会「図書館づくり伊万里塾」に参加し、自分たちの求める図書館像を考えた。新館開館後、すすめる会が発展的に解散し、友の会である「図書館フレンズいまり」(以下フレンズいまり)が誕生した。フレンズいまりが主催する多様な年中行事や、各種ボランティア団体が行う図書館での活動も市民との協働により行われた。

田原町(現田原市)図書館は、町の総合計画で図書館整備の促進を発表し、建設構想委員会が設置され検討が始まった。子育て支援グループ「くぬぎの会」を母体に、利用者の視点で行政と協働して図書館をつくる「図書館フレンズ田原」(以下フレンズ田原)が誕生した。フレンズ田原は基本計画に対する要望書を行政に提出し、以降、行政は町民の意見を反映する方針をとった。施設建設の情報公開と意見交換等が目的の「情報広場」では、基本設計の公開説明や意見交換が行われ、基本設計や実施設計に反映された。フレンズ田原は図書館の除籍本などの販売事業も行った。そのため、フレンズ田原を「特定非営利活動法人たはら広場」に改組した。たはら広場は、図書館とボランティアグループ「おおきなかぶ」を立ち上げ、図書館に多様な支援を行っている。

瀬戸内市民図書館は、市民団体「ライブラリーの会」が提出した図書館整備を求める要望書をもとに設置が進められた。要望書は、図書館整備プロセスにおける市民参加を含んでいた。図書館整備を公約に掲げた市長が当選すると、新図書館の整備検討プロジェクトチームにおいて整備基本構想が策定された。この構想をもとに市民ワークショップが開かれ、設計図面の検討などが進められた。さらに、図書館づくりを盛り上げるイベントも企画された。図書館友の会「せとうち・もみわフレンズ」が発足し、市から協働提案事業補助金の助成を受け図書館を協働パートナーとして文化振興やまちづくりの視点から活動を展開している。

塩尻市は市民参加による協働の市政運営を進める中で、機能融合を目指した複合施設「えんぱーく」内に市立図書館を設置した。図書館にもこの運営方針が貫かれた。図書館のあり方を検討するワーキンググループの提言書作成や、図書館の基本計画を策定した懇話会にも市民が参加した。えんぱーくの整備は、図書館を含んだ五事業において市民や専門家による「創造会議」で検討された。創造会議では、建築構想や基本計画の策定、プロポーザル方式による設計者の選定が行われた。設計の検討は市民ワークショップにより進められた。えんぱーく開館後、協働による運営を実現するため、サポート組織「えんぱーくらぶ」が発足した。この組織は、サポーターが中心となり各種イベントの運営補助や多様な図書館サービスにおける利用者支援などを実施した。

つづき図書館ファン倶楽部（以下ファン倶楽部）は、横浜市の都筑図書館との協働、都筑区内の図書施設の支援や読書環境充実のために活動する市民団体である。主な活動は、講演会などのイベントの企画・実施、図書館見学会の開催、ファン倶楽部通信の発行、行政への働きかけなどである。ファン倶楽部で実施した講座等から新たな活動グループが誕生し、各グループはゆるやかに連携しながら独自に活動を展開する。ファン倶楽部はこうしたグループをネットワーク化し、中核的な役割を果たしている。都筑区では市民と図書館との協働を促進する組織「都筑図書館から未来を描く協働の会」が発足した。会長はファン倶楽部代表が務め、前述の各グループが参加している。ファン倶楽部は、都筑図書館との協働を通して図書館の活動を展開し、価値向上を図る原動力となっている。

5. 本書の特徴

本書で取り上げた図書館は、これまで図書館関係団体の機関誌や地方自治をテーマとする雑誌等で紹介されてきた。具体的には、まちづくりや地域活性化についての特集の一記事として、地域住民による参加や協働の状況を含んでいた。そのため、必ずしも新規性が認められるものとは言えない。

そこで、本書では、前述のように公立図書館をささえる「ひと」の側面に焦点をあてることによって、参加と協働を捉え直した。市民参加については、図書館の建設要望から基本計画・設計、建設、さらに開館に至るまでの状況、市民協働については、主に開館後のサービス提供や管理運営における状況である。市民参加と協働の過程を、施設設計者や行政関係者といった当事者によって時系列に明らかにすることで、図書館づくりの状況を跡づけた。その上で、本書で取り上げた事例をもとに、「ささえあう図書館」をさらに前進させて「図書館が地域をささえる」として図書館が地域活性化に寄与し得ることを提示した。本書は、こうした一連のプロセスに関心をもつ図書館関係者（研究者や実務家）、行政関係者、建築家などに役立つと言えるだろう。また、公立図書館のさまざまな局面でかかわりを持ちたいと考えている市民にも参考に資する内容となっている。

読者の方々には、八つの公立図書館と一つの団体で展開される市民参加と協働のようすを感じ取っていただければ幸いである。

注・引用文献

（1）佐藤徹ほか共著『新説 市民参加——その理論と実際』公人社、二七〇頁、二〇〇五年、参照は一—七頁

（2）法律や政令により国または他の地方公共団体などから知事や市町村長などの地方公

共団体の機関に委任される事務のこと。「機関委任事務」デジタル大辞泉 コトバンク https://kotobank.jp/word/%E6%A9%9F%E9%96%A2%E5%A7%94%E4%BB%BB%E4%BA%8B%E5%8B%99-50051（最終アクセス：二〇二一年七月一六日）

（3）前掲（1）、参照は八―九頁

（4）前掲（1）、参照は三二頁

（5）羽貝は「参画」を「広く自治体の政策過程に関わる意思形成、合意形成への積極的な参加を意味している」と捉えている（羽貝正美「基礎自治体の新しい地平――参画と協働によるローカル・ガバナンスの刷新と自治体再構築」『自治と参加・協働――ローカル・ガバナンスの再構築』学芸出版社、二六八頁、二〇〇七年、参照は二二頁）。そのため、この考え方を「参加」に援用することで参加を政策形成段階と結び付ける根拠とした。

（6）前掲（5）、参照は二四頁

（7）前掲（1）、参照は一九―二〇頁

（8）住民との関係において図書館運営を参画と協働の視点から捉えた研究には、荻原幸子「公共図書館運営における住民との「協働」」『公共図書館運営の新たな動向』勉誠出版、二〇一八年、七七―九五頁、荻原幸子「参画・協働による「まちづくり」と自治体図書館」『地域政策研究』五二号、二〇一〇年、一六―二二頁などがある。

第Ⅰ部　施設設計の側面から捉えた事例

〈第1章〉

ワークショップの原点と大船渡市立図書館

新居千秋（株式会社 新居千秋都市建築設計代表取締役社長）

はじめに

私の図書館設計との出会いは、約五〇年前であった。ルイス・カーンの事務所でフローラ・ランソン・ヒューレット図書館（図2）の担当をした時だ。カーンと「なぜ図書館で飲食してはいけないのか？」「人は暗い所で本を探し、明るい木の下で本を読む」「図書館には暖炉がいる」等と話した時に始まった。ミシェル・ブラウンが書いた『Library』という本を読めと言われた時、私が中にある色々な建築家の図面を分析していると、「君は本の読み方を知らない」「この本の中で重要なのは最初のセントジェロームの絵だけだ」と言った。ジェロームとリーディングスペース、シーンとして見えるもの、おりなされた窓からの光、ペットのいる空間、ゆったりとした時を読み取れと語り、そして「エグゼター図書館」では人は人工光で本を読み、疲れたら窓を開ける。その上の大きな窓は空間に光を入れる。本も光を欲していると語った。私の建築の原点がセントジェロームの絵の中にある（図1）。大船渡市立図書館は劇場を主体とした複合施設で当初プログラムになかった図書館を市民の強い要望から追加したものである。

現在は、劇場と図書館が同程度の規模になり、時代の変化によって複合の主体が劇場から図書館へと少しずつ変わっている。小牧市中央図書館は単館ではあるが、映画や講演会、朝市等々多目的に使えるイベントホールがついた複合建築ともいえる。

図1　セントジェロームの部屋

表1　私たちが設計したリーディングスペースから単館・複合としての図書館
ワークショップを行った建物は★マーク記載

①　中銀白井マンシオン・アルディア・ヌーボ
竣工年：1992年　延床面積：58,659㎡／受賞歴：千葉県建築文化賞
蔵書数：—／年間来場者数：—

②　水戸市立西部図書館
竣工年：1992年　延床面積：3,389㎡／受賞歴：吉田五十八賞
蔵書数：約十一万冊／年間来場者数：約二十七万人

★③　黒部市国際文化センター／コラーレ
竣工年：1995年　延床面積：8,886㎡／受賞歴：日本建築学会賞
蔵書数：70,000冊／年間来場者数：二十五万人

★④　かわもと音戯館／サウンドミュージアム
竣工年：1998年　延床面積：8,524㎡／受賞歴：しまね景観賞受賞
蔵書数：50,000冊　／　年間来場者数：—

★⑤　くにさき総合文化センター／アストくにさき
竣工年：2001年　延床面積：6,868㎡
蔵書数：77,000冊　／　年間来場者数：二・一万人

⑥　山賀町役場（現在は新庁舎　1階部分に図書室）
竣工年：1996年　延床面積：5,303㎡
蔵書数：冊　／　年間来場者数：人

★⑦　となみ散居村ミュージアム情報館
竣工年：2006年　延床面積：617㎡／受賞歴：うるおい環境とやま賞
蔵書数：七、七万冊　／　年間来場者数：三万人

★⑧　大船渡市民文化会館・市立図書館／リアスホール
竣工年：2008年　延床面積：9,290㎡／受賞歴：日本建築大賞
蔵書数：二十万冊／年間来場者数：約十二万人

★⑨　由利本荘市文化交流館／カダーレ
竣工年：2011年　延床面積：11,750㎡／受賞歴：日本建築家協会賞
蔵書数250,000冊／年間来場者数約580,000人

★⑩　新潟市江南区文化会館
竣工年：2012年　延床面積：5,002㎡／受賞歴：グッドデザイン賞
蔵書数約81,000冊／年間来場者数約260,000人

★⑪　唐木田コミュニティセンター
竣工年：2011年　延床面積：2,601㎡／受賞歴：グッドデザイン賞
蔵書数約47,000冊／年間来場者数約二十四万人

★⑫　美浜町生涯学習センター／なびあす
竣工年：2012年　延床面積：3,945㎡／受賞歴：第48回中部建築賞
蔵書数約六・五万冊／年間来場者数約八・一万人

★⑬　秋葉区文化会館
竣工年：2013年　延床面積：2,997㎡／受賞歴：第29回村野藤吾賞
蔵書数：一万冊　／　年間来場者数：—人

★⑭　加茂野交流センター／あまちの森
竣工年：2016年　延床面積：1,379㎡
蔵書数：20,000冊　／　年間来場者数：—人

★⑮　小牧市立中央図書館
竣工年：2020年　延床面積：8,662㎡
蔵書数：50万冊

⑯　流山市地域図書館
竣工年：2023年　延床面積：2,592㎡
蔵書数：12.5万冊

図2　フローラ・ランソン・ヒューレット図書館

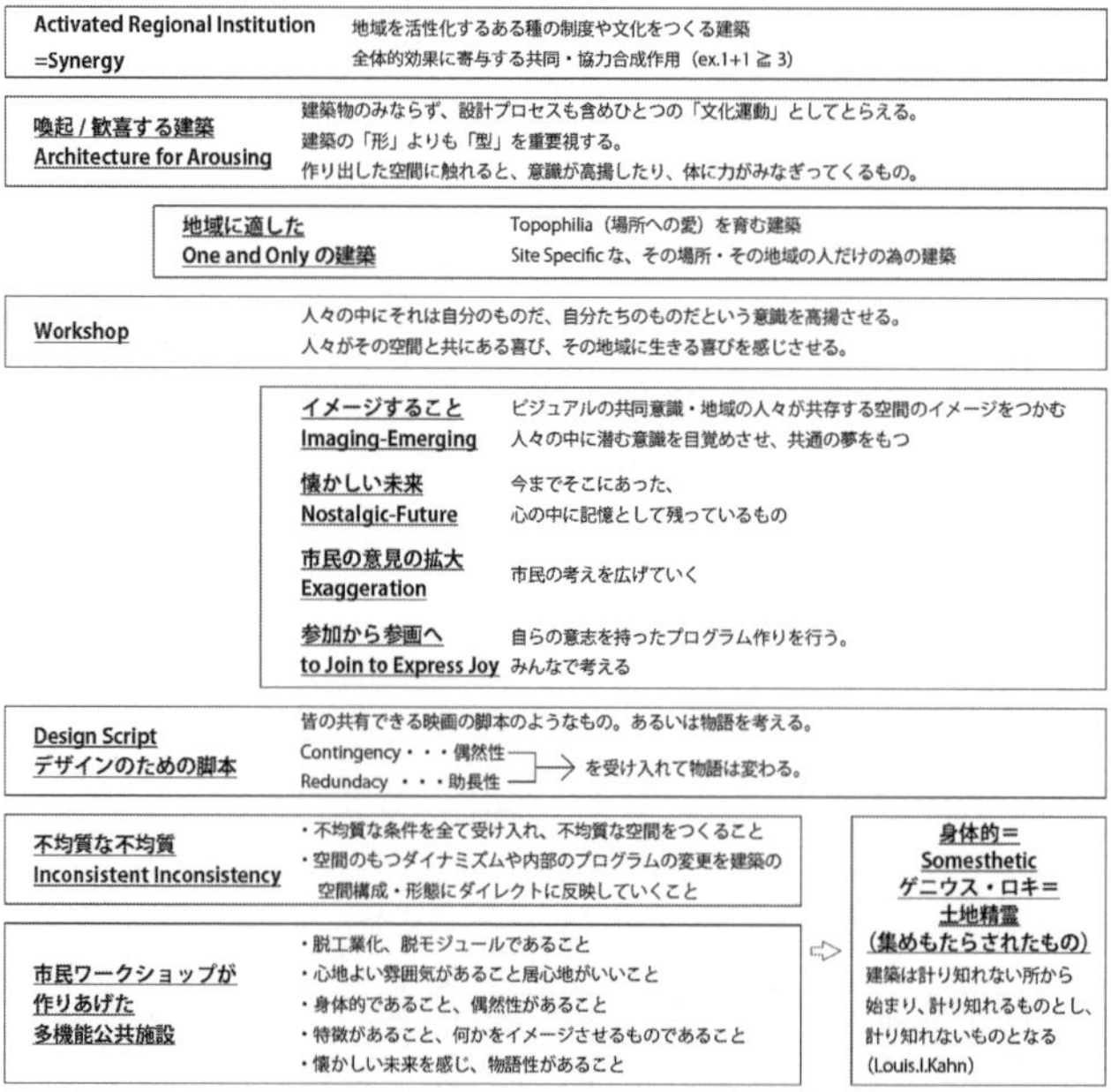

Activated Regional Institution **=Synergy**	地域を活性化するある種の制度や文化をつくる建築 全体的効果に寄与する共同・協力合成作用（ex.1+1 ≧ 3）

喚起 / 歓喜する建築 **Architecture for Arousing**	建築物のみならず、設計プロセスも含むひとつの「文化運動」としてとらえる。 建築の「形」よりも「型」を重要視する。 作り出した空間に触れると、意識が高揚したり、体に力がみなぎってくるもの。

地域に適した **One and Only の建築**	Topophilia（場所への愛）を育む建築 Site Specific な、その場所・その地域の人だけの為の建築

Workshop	人々の中にそれは自分のものだ、自分たちのものだという意識を高揚させる。 人々がその空間と共にある喜び、その地域に生きる喜びを感じさせる。

イメージすること **Imaging-Emerging**	ビジュアルの共同意識・地域の人々が共存する空間のイメージをつかむ 人々の中に潜む意識を目覚めさせ、共通の夢をもつ
懐かしい未来 **Nostalgic-Future**	今までそこにあった、 心の中に記憶として残っているもの
市民の意思の拡大 **Exaggeration**	市民の考えを広げていく
参加から参画へ **to Join to Express Joy**	自らの意志を持ったプログラム作りを行う。 みんなで考える

Design Script **デザインのための脚本**	皆の共有できる映画の脚本のようなもの。あるいは物語を考える。 Contingency・・・偶然性 Redundancy・・・助長性 ⟶ を受け入れて物語は変わる。

不均質な不均質 **Inconsistent Inconsistency**	・不均質な条件を全て受け入れ、不均質な空間をつくること ・空間のもつダイナミズムや内部のプログラムの変更を建築の 　空間構成・形態にダイレクトに反映していくこと	**身体的＝** **Somesthetic** **ゲニウス・ロキ＝** **土地精霊**
市民ワークショップが **作りあげた** **多機能公共施設**	・脱工業化、脱モジュールであること ・心地よい雰囲気があること居心地がいいこと ・身体的であること、偶然性があること ・特徴があること、何かをイメージさせるものであること ・懐かしい未来を感じ、物語性があること	**（集めもたらされたもの）** 建築は計り知れない所から 始まり、計り知れるものとし、 計り知れないものとなる。 (Louis.I.Kahn)

図3　地域にたったひとつの建築をつくる

1．地域にたったひとつの建築をつくる

私が手がけた複合文化施設では、建築をつくるだけではなく、地域を再活性化する制度や文化のようなものを生み出そうと考えている（図3）。それはちょうど経済におけるシナジー効果のようなもので、一＋一は二になるが、地域の人たちと語り、巻き込むことによって、一＋一を三以上にしていく、そういう建築を地域活性施設と呼んでいる。建築家は地域の文化に触れ、地域の人たちと語ることによってある種の文化運動を引き起こ

す。地域の人たちは自分のまちで誇れるものを探したり、美しい景色を発見したりすることで、心の中にそれらは自分たちのものだという思いを強く持つようになる。その構築する力を私は喚起／歓喜する建築と呼んでいる。そのプロセスが、単に建築の形態を生み出すだけでなく、文化活動をも生み出し、建築自体を地域のニーズに基づいた多機能な施設につくり上げる。そうしてできる建築こそ、オンリー・ワンの建築になる。それはサイトスペシフィック（その場所の特性）なものであり、アメリカの地理学者であるイーフー・トゥアンの言うトポフィリア（場所愛、地域愛）を生み出す。実際には、地域の人たちは、こういったことを考えているわけではない。そこで彼らとじっくり話をし、トポフィリアを見つけ出すことが重要で、そのためにはワークショップという手法を用い、参加者が、建築を自分たちのものだと意識し、コミュニティ感を持てるようにする。ワークショップで大事なことは、地域の人たちと私たちが同じイメージを共有することである。手法としては、市民が自慢できるような建築、場所、食べ物をみんなで探したり、身近な場所や公共施設を見に行って、みんなが頭の中で考えている空間の大きさや、物について話したりして、分析する。人は自分や身の回りについて気が付かないことが多いので、みんなの中にあるトポフィリアを拡大することもある。また懐かしい未来を考える。つまり、過去の記憶にあるけど新しいもの、新しいものなのだけど、どこかで見たことがあるものを模索する。このワークショップから市民の中に参加から参画が促され、みんなで考えることが定着していく。

地域の人たちが実際に、新しいプログラムづくりに参画するプロセスは、映画の脚本づくりと似ている。同じデザイン・スクリプト（デザインのための脚本）を共有し、建築家は脚本家や監督として、矛盾するような条件に適応して空間をつくる。建築家は特定の形や、特定のアイデアにこだわらず、なにかぼんやりとした中から、建築＝空間の型を理解する力が必要となる。そしてデモクラシーで決める部分と、建築家が決めるべき部分とその時期を明確に理解することが求められる。

それは均質で様式化されたプログラムや、近代的な空間とは異なり、その場その場で求められる不均質な条件をハンドリングできる建築の手法と、それを許容できる空間の質、型を必要とする脱近代的なプロセスからつくられる空間となる。デザイン＝形の部分は建築家が行い、デザイン＝型（文化の形）の部分は地域の人たちとともにつくる。そのためには全体の型や形を決めるストーリーをつくるデザイン・スクリプトは重要な第一歩で、デザインの軸となる。ダイナミックなプロセスの中で、その建築物の特別な特徴、時にはなにかが偶然、付加される。そうした偶然性や、こんなものが欲しいという要望を受理し、プログラムに反映するための、冗長性、つまり一見余分な繰り返しも必要になる。そこに新しい技法、テクニックに基づいた思想や空間が生まれてくる。そういう考え方を私は不均質な不均質と呼んでおり、その中で身体性を考えている。

最近の映画のエンディングはさまざまなバリエーションを想定する。例えば、英雄が死ぬ、英雄は生き残って、彼女と去る…というように建築もはじめに（エンディング＝）形ありきであってはいけない。ＢＩＭ（Building Information Modeling、コンピューター上に3次元の建築モデルを作成し、設計から積算、維持管理まで効率化する手法）やアルゴリズムのように自動的に建築＝箱の形が決まったり、最初に箱やシステムだけつくって後で機能を入れる方法では、よい建築は生まれない。つまり、建築は脱工業化、脱モジュールであること。身体性があること、偶然性や冗長性を許容し、懐かしい未来を感じ、居心地がよいこと、特徴があること、なにかをイメージさせること…。そんな建築のほうが人に愛され長く地域の人たちの心の拠りどころとなる。

2. 私とワークショップとの出会い

一九七〇年、大学は学生紛争のさなかで授業が行われなかったため、計画研という学内の研究会で、人々のための施設をどうつくるか検討したり、東工大教授の川喜田二郎の著書『発想法』からKJ法を学んだ。またSD法（セマンティックディファレンシャルメソッド）＝GE（米国ジェネラルエレクトリック社）のカスタマーニーズの調査や梅棹忠夫の『知的生産の技術』を研究した。会社の出向留学でアメリカに着いた直後、ロックフェラー財団の援助を受けた芸術家の磯辺行久の指示で、上司の高木幹郎とともに、言葉がよくわからないままでハートアイランドという「麻薬患者」の更生のための島で、黒人の人たちとワークショップを行い、ビニールを膨らませた二〇〇〇人収容のロック会場をつくった。ペンシルベニア大学入学後、ローレンス・ゴールドバーグ教授の授業でマンテュアという、ニューヨークのハーレムに次ぐ危険な場所のスラムの人たちとワークショップを行い、その時講師で来ていたローレンス・ハルプリンの特殊な授業を受けた。別の授業でクリストファー・アレグザンダーからはパタンランゲージに近いものを学んだ。それは私の卒業設計時に考えたピクチャー・ランゲージ（文言をどう共通のイメージとして捉えるか、どのように一般の人とコミュニケーションをかわし空間をつくるか等）と似ていた。GLC（大ロンドン市）で役人として勤めている時、期間限定使用の広場の活用ワークショップJapanese Garden Projectを見たり、テームズミード・マスタープランニングチームの一員として、市民の意見をまとめるある種のKJ法を実践した。帰国後、世田谷区梅が丘の道プロジェクトで市民の人たち、区役所の人、都市計画家の林泰義、武蔵野美術大学視覚言語伝達学科（当時）の及部克人、後にワークショップの本を書いた大妻女子大学教授の木下勇とワークショップを行った。その後、横浜市上大岡の道や桜上水南地区会館、下馬南地区会館でワークショップを行い、学会賞の黒部市国際文化センターを始め、大規模な建物をワークショップでつくってきた。私はたぶん戦後日本のワークショップの先駆けだと思う。

3．複合文化施設の設計における市民ワークショップ

私たちは建物をつくる前に、そのまちを市民と一緒に調査して、誇りに思うものを探したり、近くの建物を見て回り、そのまちらしいプログラムをみんなで考え、見直し、本当に地域に必要なプログラムを考える。そういった中で、市民の参加が参画へと変わってくる。また、みんなで話し合ったプログラムを、予算内でつくり、コスト管理や開館後の運営管理も考える。そ

の様にして設計をすることで、カルチュラル・サステナビリティ（＝文化的持続可能性）をつくり出すことができる。完成後、ワークショップに参加した人たちはかつて自分が調べ、考えたものを、現実として自分たちが使うことになる。その喜びと完成した建物への愛着、そしてそれを使いたいという欲求は、自分とコミュニケーションがないままにできあがった建築に比べると、計り知れないほど大きいものだと確信している。

（1）市民参加から市民参画そして協働までのプロセス

ワークショップの目的は、これからの少子・高齢化の時代をその地域の人たちがある種のサードプレイスとして、「居場所」づくりをすることにある。その地域、場所だけのものに参加してだんだんその気になって参画する。さらにその施設で「協働」して、カルチュラル・サステナビリティに寄与する。行政もスモール化していかないと、公共施設を維持できなくなるから「協働」して持続する。私たち専門家がどう手助けするか、その時どんな専門家がどのように加わったら良いかが重要になる。またファシリテータとしての建築家の役割、資質が問われる。

（2）ワークショップで行うこと

①最初の三〜六か月に、関心度、意識の向上を計る。身近なものの調査分析や、どんな施設なら楽しいということを中心に、「どんな場所にしたい？」「どんな場所にする？」「今の

建物のどこが良くて、どこが悪いか?」「どんな場所で過ごしたいか?」「どんなところで働きたいか?」「仲間を募ろう」「どんな場所にしたい?」とグルグル問いかけをしていく。また類似の施設を見て、分析しみんなの共通のスケール感や考えを持つ。
②三か月後くらいに市民案を作成し始め、またグルグル問いを繰り返す。
③六か月以降からデザインスクリプトやプログラムをみんなで話し各機能を決める。テーマを少し絞ってどんな部屋にするか、どんな設備が必要か実現方法を考える。
④九か月後くらいから運営管理計画、市民の参画が始まる。
⑤その後、一二〜二四か月にまちと施設を盛り上げるプレイベント、楽しみ方を考える、運営方法を決める、更に仲間を増やす、どうやって使う、現場を見る等々の行動が始まる。
⑥建物の建設中も参画から協働へ、活動を続けていく。地域に愛される施設へ、市民による諸団体、施設運営者、NPO法人等々へと進む。

†ファシリテータの資質・開始〜三か月までの間にファシリテータとして求められる人

①劇場、図書館、体育館等に詳しく、コンセプトを考えられ、フレキシブルに市民の人たちの意見が聞ける人。時間単位で設計しているサラリーマン的な人たちはあまり向かない。またそれぞれの専門家は要らない。専門的すぎるとマニア的、マニュアル的になりうまくいかない。
②どんなまち、どこが良いか役所の人も含めてディスカッション(ワークショップ)する。日

本の都市計画家は文言に頼るが、もっとアーバンデザインに近い発想が出来る人（例えば単純な法規の解釈ではなく、新しい発見ができる人）＝未来はこういうイメージだと描ける人。
③ランドスケープは切り離されたものではなく、建築と一体的なもので、ファシリテータは例えば、小堀遠州のように遠景、中景、近景を理解し、四季の変化、草花に精通している人。
④大学や教育関係者、著名人、講演者等を呼べるネットワークがある人（チーム内にいても良い）。
⑤ＰＦＩ、エリアマネジメント等についても分かっている人。
⑥コストに強い。単に劇場や図書館等に強いだけでなく、備品、ＩＣＴ化にも精通する人。

†三か月以降
チーム内に必要に応じて劇場・図書館・音響・学習コンサルタント等を入れ、ハードの部分を担ってもらう。ワークショップに各種コンサルタントに出席してもらい、専門家としての意見を聴く。この段階では、市とファシリテータは、六〜七週間に一度ミーティング。特に機能、コスト等については市民の人にできるという前にディスカッションする。

†基本設計終了時（六か月頃〜一二か月頃）
参加から参画に移行することを目標にワークショップをする。実施設計の頃になると「ど

んな部屋をどのくらい、冊数、席数　どんな設備」のようにより詳細に詰めていく。建築家がファシリテータであれば、大事な部分の面積等々を市民の人の了解なく変えないで丁寧に話し合い、コストコントロールをして、空間の質やその地域らしさを残し、みんなの居場所をつくれる。

†施工期間（二二か月頃）——参画から協働へ

現場を見せて仲間を増す、どうやって使うか、どうやってそれを持続させるか。運営方法を考える、運営計画のコンサルタントと共同してNPO法人等をつくり、住民が独自で運営することを考える。オープニング以降、市民と役所の人が地域の人の「居場所」を協働で守っていく。

4．市民ワークショップを通して基本構想・基本計画を策定することの重要性

公共建築の基本構想や基本計画では、実際に建築を設計監理した経験のある建築家が関わることは少ない。都市計画や建築設計ができない劇場コンサルタント、図書館コンサルタントなどがまちのあり方を検討し、敷地を選定して素案をつくり、プロポーザル・コンペを行い、基本設計からスタートさせている。また、新規参入をさせないように同種の建築に複数の実績を求めたり、やる気度等得体の知れない評価や、有効期間をつけ、二五年以上の評価があるものより数多くつくっている会社や、いつも同じような建築をつくっている特定組織事務所を選ぶ。

これは名店の寿司屋や新しい料理方法の寿司を提供する若い人たちの発展を阻む。チェーン店の方が旨いという事と同じである。また、CPD（資格習得後の継続的な教育）等のポイントの高さが建築学会賞や建築大賞よりも重要だということで、実績のある事務所を参加させないようにする。結果として、地域の活性化やまちづくりに寄与せず膨大な運営管理費が必要な施設、予算と全く合わない施設、市民参画・運営協力の得られないジェネリックな建築やまちがつくられている（図4・図5）。コンサルタントによる基本構想・基本計画は、文章としてうまく書かれているが、建築として成立せず、それらを整理すると、左記の五つの問題と五つの解決方法がある。

(1) 複合文化施設等の計画において見出される五つの問題点

①地域を活性化するための地域住民との話し合いやニーズが反映されていない

②地域住民が参画する仕組みが欠如し、施設ができても愛着を持たれない

③まちの規模、財政状況による、計画と予算の整合性が取れておらず、建物以外のインフラ条件の整理やその整備費が見込まれていない

④地域独自の施設構成（プログラム）でなく、全国使い回しのプログラム運営人件費や施設管

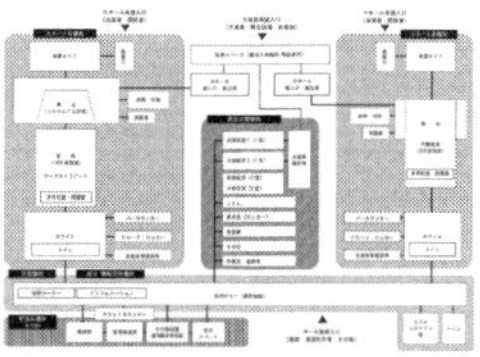

図4　A市の劇場基本計画

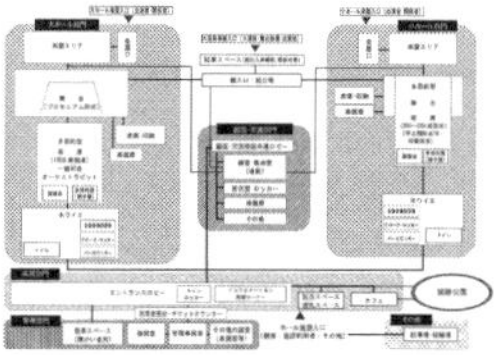

図5　B市の市民会館建替基本計画

理費が多大で地域で維持できない物となっている
⑤実際の設計経験がない専門のコンサルに敷地の選定やまちの在り方を託し建築的な視点がなく、都市全体の未来を見越した計画となっていない

(2) 問題点に対する五つの解決方法

①市民が主体で人気・誇り・憧れを持たれる市民の望む施設をつくる
②プロセス自体が文化を育てる
市民参加から参画を促し、継続的な文化運動に導く
③同コスト内で市民の要望を組み込んだ最適解をつくる
必要ない機能、運営管理できない機能は止め、身の丈にあう施設とする
④ハードとソフトのトータルデザイン
設計者がファシリテータとなり、全体バランスを見ながら、その地域独自の施設をつくる
⑤一〇〇年の計でまちを考える（期間を定めて、例えば三〇年のまちのあり方）
市民の人たちとワークショップを行い運営計画まで考える。文言に頼る都市計画や総合計画ではなく、みんなが夢を持てて、身体性のある都市デザインをつくり、それを毎年見直し、そのまちで最も必要な場所に賑わいを醸成し、風景や市民の居場所をつくる

5．リアスホールと市民の要望からできた市立図書館

二〇〇八年に完成したリアスホールの特徴的な形状は、地域の人たちを説得するのが非常に大変だったのではと思われるかもしれないが、この形状は最初からわれわれが提案したものではない。地域の人たちと話すプロセスの中でアイデアが出たものである。ワークショップは五〇回以上、行政担当者や、技術者とも合わせて二〇〇回以上の会議を持ち、こうした建築の形やプログラムになった。

大船渡市は東北地方の太平洋側の三陸海岸、リアス式海岸で知られ、漁業を中心とする、四万人のまち。リアスホールは一一〇〇席の大ホールゾーンとファクトリーゾーン（図書館、マルチスペース、アトリエ、和室、茶室、スタジオなど）からなる複合文化施設である。コンペ後、「みんなで大船渡市民文化会館を創る会」（以下創る会）を市民や行政担当者と発足し、市内調査ツアーや、基本設計のワークショップ、機能や運営に関する検討会などを行った。ワークショップでは模型やパースを用いてコミュニケーションを図り、この地域にしか存在しないオンリー・ワンの建築をつくった。途中、全くプログラムに無かった図書館がワークショップの中から出て、市長、住民の人たちの意見をまとめて、同じ建築コストの中で少し特殊なロの字型の図書館を入れた。

■ 敷地条件や、体制の違いにより、ワークショップの進め方は、街ごとに異なる。

市民を元気にするまちづくり（私達のワークショップの一般的なフロー）

図6　市民参加から市民参画そして協働までのプロセス

（1）大船渡におけるワークショップの特徴

黒部市から始めたワークショップの手法を事前に整理して、約二年をかけて市民の人たちとワークショップを行った。黒部市はまち全体がＹＫＫの企業城下町であり、ニューヨーク、ロンドン等にいた人たち、特に奥さんたちの学歴も高く、同様のバックグランドを持つ人たちだった。この時代、富山だけでなく、男性優先のところがあり、ワークショップのメンバーも男性が多い時代だった。大船渡は二〇〇五年からのスタートで、特徴は教育や経験のバックグランドがまちまちで、女性の建設会社社長や高齢者施設の女性理事長、女性のたたき上げの人が多くいたり、横浜からジャズが好きで移住してきた喫茶店のオヤジ、書店の店主等々、教育レベルもバックグランドも違う状況であった。そこで黒部市やその他のまちのワークショップの説明をしたり、経験を伝えた結果、鶴見和子が『内発的発展論』の中で提唱しているキーパーソンが出てきた。今までのワークショップの中でも理想に近い形になった。三五歳を中心にした次世代のメンバーが、大船渡をどうするかという観点からワークショップを引っ張ってくれるようになった。

（2）『参加の段階』大船渡のワークショップの流れの説明（図6）

①関心度、意識の向上（第一回　二〇〇四年一〇月一七日）

創る会のポスターの趣旨説明が行われた（図7）。当日用アンケート（一枚）、配布用アンケート（二枚）を二種類用意した。当日用のアンケートは会場に来た人用のもので、その場

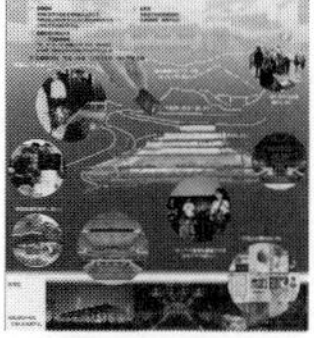

図7　みんなで文化複合施設を創る会

で意見を書いてもらう。また、配布用のアンケートは、知り合いの人たちに配ってもらって、役所に送ってもらう。目的は参加者の拡大と関心度、意識の向上である。また往々にして声の強い美術団体、音楽のサークルの意見だけでなく、広く潜在的にある市民の人の意見を集めるためである。最初、役所の人たちと相談して三五歳を中心に上下の世代、男女の比率等、コアになりそうな人たちも人選して参加者の中に入れてもらって誘った。ポスターには私たちの応募時の建物をチョークでゴシゴシ消している絵を入れて、みんなで一からつくりましょうとアピールした。住民：一二四人＋当社と行政担当者：二四人の一四八名で開催した。設計者がプロセスを説明し、参加者がその後、KJ法に近い形で、案を出し合った。

②身近なものの調査、文化の「かたち」を分析・検討（第二回　二〇〇四年一一月二一日）

近隣の約二〇の類似施設を調査、分析・比較検討し、地域の持つ特有の部屋の大きさを把握した。地元の建築家と調査を共同でやることにし、ボランティアの人たちと土蔵の調査、新しい使い方、蔵を残す運動を起こした（図8）。三・一一の時に幾つかの建物が壊れたり、保存・保全に対しての市民運動が、リーダーの何人かが震災で亡くなり少し下火になっているのは残念だ。歴史のスポットや市民自慢マップの作製等、その後もシーズン毎、地域毎に繰り返し調査し、みんなで話し合った。大船渡市探検団、アンケート、六つの市民案、各種委員会等の意見や条件、近隣施設等の調査資料をもと

図8　街調査風景

に大船渡の文化の「かたち」を理解した。

③参加――市民案の作成（プログラム・各機能を市民と決める）
（第三回　二〇〇四年一二月二三日／第四回　二〇〇五年一月三〇日
第五回　同年二月二七日／第六回　同年三月二七日）

六つの敷地模型と模型キットを製作して大船渡へ送り、設計ワークショップを行った。五〜七〇歳くらいまでの人たちを六つの班に分けて一台のテーブルに模型、平面ヴォリュームキット、住民の人たちは一〇人一組でグループ。役所と当社がそれぞれの台に一人ずつの二人の構成で模型を作成、私がぐるぐるテーブルの周りをまわって色々アドバイスを行った。コンセプトや施設の配置、大体の部屋割をみんなで三〜四か月くらいかけて楽しんでつくった（図9）。最後にはコンペ時の配置もすべて変わった。第三回では、各自一／一〇〇〇の敷地ワークシートや山の模型に各室の平面状の色を塗ったピースを並べてもらいダイアグラムを紙上につくってもらった。その後、一／三〇〇の平面敷地に、話し合いの上で立体のピースを並べた（図10）。最後に立体の敷地模型にグループごとに模型を製作し、最終的にはまとめの案として五グループ、六案が出来上がった。立体模型を製作時、当社

図11　ワークショップ風景

図10　模型で検討

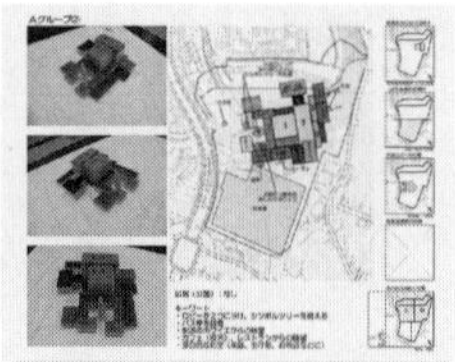
図9　ワイワイ劇場設計

のスタッフが色々指導をしているのを私は背後で聞いていた（図11）。私がこの子供たちは天才だと言うと、子供もそう思い、両親、祖父母等がそうかと思ってくれる。そしてみんな元気が出る。やる気が出る。そのうち、誰が設計事務所の者で、誰が住民で、誰が役所の人たちか分からなくなるくらいみんな話した。第三回ぐらいから、ホールより図書館がいるという意見が出始めた。

第四回では第三回と同様に班に分かれて模型をつくったり、ディスカッションをして、ファクトリーで想定されるさまざまなイベントを考え、模造紙に貼っていった。その意見を反映したものをファクトリー内容検討シートに書き込み、提出してもらった。前回行ったワイワイ劇場設計で出されたグループ案をそれぞれに解説。模型も展示した。

第五回では、ファクトリーゾーンに関する質問をゾーン別に行った。施設に取り入れたい機能や行いたい活動など、ソフト面からの要望を回答してもらうことでファクトリーの可能性を引き出すことができると考えた。また、創る会の発展した組織として今後行われる企画運営委員会（仮称）の概要説明を行った。

第六回では、これまで行ってきたワークショップの成果をまとめた施設配置案を作成し、それをもとに、施設計画の内容説明が行われた。『みんなの夢工場の実現に向けて』で、提示したダイアグラムのファクトリーゾーン部分を取り上げ、活動や設備などに対する意見聴取を行った。また、市民の方々に、より積極的に市民文化会館の企画、運営に関わってもらえるよう、「企画運営委員会（仮称）」の取り組みについての説明が行われた。その結果として、配置が変る……大船渡の人たちはかつてのチリ地震時の津波でまち全体が濁流に呑まれ水没した経験があった。上へ上へ建築を上げた結果として三・一一の津波の水はあと一m先で留まった。まちの建物は色々壊れたが、私たちの建物は無事だった。地域の人の経験はすごいと思った。

Factoryとは何か……ファクトリーとは工場という意味で、文化をつくる工場だと住民の人に説明した。なんでも入れたい物を挙げて、それによってまちや住民の人にどんな楽しさがあるかをワークショップの中でＫＪ法を使って話し合い、それを発表するという形をとった。フラダンスの部屋、ジャズクラブのブルーノートと同じくらいの大きさの部屋、多目的に使える部屋、茶室、和室、展示等々たくさん意見が出た。

†図書館の要望が市民から生まれる

プロポーザル段階では施設の機能は劇場とファクトリーだったが、市民の意見を聞くと、ホールはいらないが、図書館が欲しいという市民から強い要望が出た。市長に報告したが追加のコストは出ず、半年ほど市長と市民のバトルがあった。私たちが図書館を外（別館）でつくると一三億円以上かかるが、劇場の余白を使うと三・五億円（約三分の二）でできると説明した。市長や市民の意見で客席を一〇〇席削る、オーケストラピットを手動にする事等が決まり、その後も調整し結果として、もとの予算内で図書館を入れられた。席数の多い滞在型図書館とし、日常的な施設を劇場に複合することで、より活発な市民活動の場を形成した。詳細を検討する中でエントランスホールの壁の裏の機械室をどけて下を覗くと子供たちの畳の部屋が見え、回遊するロの字型の平面にする等が決まった。この時の図書館担当の人の「一般的に新聞や月刊誌はカウンターの近くに置く。そうすると図書館職員があまり動かなくなるため、少し遠くの景色の良い池の見える場所にして図書館職員が図書館を歩き回れるようにしてほしい」という意見を反映した。また、そのそばに絵本の読み聞かせ室を置く。その先にちょっと出て飲食してもよい場所を置くことも決まり、カウンターに戻ってくる前の最後のゾーンは本棚のトンネルとした。

ほぼ案が決まりかけた時、身障者の人たちから法規通りの一／一二勾配のスロープでは体の弱い人、高齢者にはきつ過ぎると訴えがあった。斜路の実物大模型を建物の中につくり一三・五以上でできるだけ勾配を緩めることが決まった（図12）。オープニングの日はその身障者の人たちが大会を開き極めて珍しいイベントとなった。ヒヤヒヤだったが皆喜んでくれ、感謝してくれた。当時の身障者のリーダーは草刈り等のボランティアを続けている。現在でも図書館は維持管理会社に頼らず、直営管理である。通常の図書館はすべて目が届くという人も多いが、実際は本棚に隠れたり、見えない。防犯カメラや貸出管理ゲートでチェックしている。二〇〇五年までの貸出中心主義の人たちにはうけないが、もっと「居場所」としての図書館であるべきだし、図書館が無いよりずっと良いという意見が多い。

図12　図書館内観

†穴通し磯

地域で誇れるものは穴通し磯だと意見を受け、地域の新しい名所となる地域の形をリアス式海岸、穴通し磯、海、空をもとにどう表現するか話した。全体形は「穴通し磯」からデザイン・スクリプト（脚本）（図13）をつくった。

④デザイン・スクリプト――市民参加から参画の段階（二〇〇四年一〇月～二〇〇五年一月）

全体の形は穴通し磯、その中に流れ込む海、ホールは船団と敷地の地層、岩の重なり、海や空の青をさざ波のイス、喫茶店から見上げる空間は段々状で、穴通し磯を下から見上げたようなものというデザイン・スクリプトをつくった。この時、建築家がこのデザイン・スクリプトをどのように使って設計を進めていくかが重要だ。映画でも監督や俳優の力量が問われる。同じ脚本でも普通につくるか、解釈して跳躍できるかが問われる。例えば一つのシーンの岩の表現についても、三角形でポリゴン的表現をすると自然感が出ない。そこで水平方向に対して、幅二五〇ｍｍ、出を五〇ｍｍの段々をつけてずらし、展開上の交点をポリゴンとせず、ずらしてより自然のイメージに近づける。模型や３Ｄで確認するのに半年はかかった。髪の毛のようにつねにガラス繊維が移動する天井と照明などの実験を一年くらい行った。建築

図13①　穴通し磯

図13②　建物外観

図13③　内観

家の試行錯誤は五〜六年かかり、建物が完成するまで分からない辛さがある。音響的・視覚的に優れたホールをつくるが、人が見てくれるのは、開演前の一時間くらい、インターバルの一五分、終演後の約一〇分くらいが、その建物が輝く時であり、ホールを見てもらえる時間である。一日のんびり居られる居場所と歩き回る空間、窓越しの風景、零れてくる光等、そして図書館であれば本棚等で演出された空間が逆にその建物のストーリーをつくる。

⑤プログラム、各機能を市民と決める——市民参画への移行（二〇〇五年一月〜同年四月）

部屋の使われ方、各部屋の大きさ等を決めていく段階。ファクトリーゾーンは、ただ鑑賞するだけの施設ではなく、市民が参加し、文化をつくり上げていく場なので基本計画・設計の段階から市民・市・設計チームの三者で五〇回以上に渡り検討した。マルチスペースを中心に、会議室、展示ギャラリー、和室、アトリエを十字型に配置し、演目に合わせ、さまざまな組み合わせができるプログラムとした。プロポーザル段階では本施設は劇場とファクトリー（マルチスペース、アトリエ、展示ギャラリーなど）だったが、色々な話し合いをしていくと、冗長性の最大級のものとしてホールはいらないが、図書館が欲しいという意見で図書館も入れた。席数の多い滞在型図書館とし、日常的な施設を劇場に複合することで、より活発な市民活動の場を形成した。当時の市長が気に入って、建物が完成し、その後まで、予算をもらってワークショップをやったり、色々なソフトをやることを頼まれた。

⑥運営管理計画・市民の参画が始まる（二〇〇五年四月〜二〇〇六年六月）

積極的に参画を促してきたことから設計の初期段階から市民が具体的な検討に携わり施設運営が行われる体制を築いた。創る会は後に、詳細検討を行う「企画運営委員会・施設検討」、ソフトに重点を置いた「企画運営委員会・運営プログラム検討」へ移行した（図14）。鶴見和子のいう内発的のキーパーソンとして、六〇〜七〇人の人たちになった。費用の高い鑑賞型事業中心の運営で始めながら、だんだん貸館中心の運営となるパターンにならないため、当初から鑑賞型事業だけに頼らず、育成型事業を組み合わせた年間プログラムと事業費収支シミュレーションによる検討を行い、運営管理方法を市民・行政・文化人・学識経験者とまとめた。

⑦まちと施設を盛り上げるプレイベント（二〇〇六年七月〜二〇〇八年一〇月）

建設現場の仮囲いに市民と一緒に絵を描くプレイベントやテレビの公開中継などを実施し、より親しみのある施設とし

図14　企画運営委員会

図15　プレイベントの開催

てプロデュースしていった（図15）。建築の建てられていくプロセスが持つ「構築する力」で市民の意識を参加から参画へと変え、自分でどう使うか、どう動かすかを考え、実行できるようにサポートした。また、プレイベントを既存の体育館等で行いチケットを売ったり、駐車場の誘導等、プレ体験を何回かしてもらった。

⑧参画から協働へ、地域に愛される施設へ

二〇〇八年一一月、リアスホールは、まちに賑わいをもたらす施設として開館した。開館後、企画運営委員会は市民参画による自主事業を行う委員会へと発展し活動を続けた。その一環として、市民の努力もあってミュージシャンの小田和正のコンサートが行われるまでになった。チケット抽選のための整理券を求めて、配布の前日からたくさんの人が行列をつくり、地元の人たちだけでなく、関東や関西からも多くの人が集まり賑わいを見せた。

おわりに――東日本大震災を乗り越えて

新市長が開館の一年後に東京に来られてすべてうまくいっていると

図16　震災状況

図17　東日本大震災時

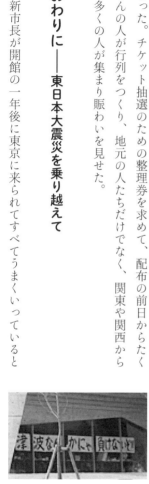

語っていた日から約一か月後の三月一一日、東日本大震災が起きた（図16）。

リアスホールは避難所でもないのに突然、五〇〇人近い人（主に陸前高田の人たち）が避難して来て、一〇か月くらい共同生活の場となった。他の公共施設と違い、ほこら状の場所や、さまざまなサイズの部屋があり、風呂や和室があるので、ダンボールなどで仕切らなくても長期の生活に耐えた。新聞には東北大学の学生の「避難所で感じた建築の力」という記事や、『被災地を歩きながら考えたこと』（五十嵐太郎）では非常時に建築が発揮した力に勇気付けられたと評された。近隣に炊き出しができたり、外壁のガラス面には「津波なんかに負けないぞ」という張り紙が貼られ、私の中に、みんなで考えた建築、そして身体性のある建物は人を元気付けるのだなという感慨をもたらした（図17）。

震災後、大船渡市民文化会館・市立図書館／リアスホール（図18）は一時的に日本中で知られる場所となったが、せっかく市と市民の協働でできたお金を払って音楽や演劇を見たり、自分たちで企画するという考え方が多くの善意の無料コンサートや無料演劇、無料イベントによって芸術や文化はタダだという方向に戻ってしまったことで、市も市民も協働して文化を維持するという事が、本当に難しいと思った。

図書館は震災後一週間で再開し、近隣の人たちを含めて、色々な人の心の拠り所になった。三・一一以降の五〜六年に色々な土木建築関係の組織事務所が色々な設計をしたが、時間を急ぎ過ぎて、海の見えない海岸を延々とつくったり区画整理のやり方で敷地と道路をつくり、建築では複合化もせず一〇〇m先の建物に歩いていかなければならないものや、いらないものどこかのコピーのようなものが建った。

三・一一の地震の時、キーパーソンや色々活躍してきた人が亡くなってしまった。建物は建築家がつくるが、それを継承し協働して進めていくキーパーソンの存在が重要で、黒部市では二五年以上も前に子供だった人たちが三代目の運営管理者となってうまく引き継がれている。大船渡は当時の市長や、担当だった人が副市長になって、頑張って再びまちを元気にしようとしている。上手く協働のスピリッツが継承されることを願っている。

参考文献
新居千秋「二一世紀のデザイン――日本の近代化、世界の近代化は成功したのか」日本建築家協会デザイン部会編著『三・一一とグローカルデザイン――世界建築会議からのメッセージ』鹿島出版会、二〇一二年、五六頁―七九頁

図18①　リアスホール。テーマは「リアスの海」

図18②　新聞雑誌コーナー

図18③　図書館スロープ

〈第2章〉

市民ワークショップでつくった開放型図書館

――小牧市中央図書館

新居千秋（株式会社 新居千秋都市建築設計代表取締役社長）協力・上田晃平

はじめに

二〇一五年、新しい愛知県小牧市中央図書館（以下新図書館）の当初の基本設計案は、通称「TSUTAYA図書館」と呼ばれた佐賀県の武雄市図書館・歴史資料館をモデルとしたものだった。実態は、カルチュア・コンビニエンス・クラブ株式会社（CCC）と株式会社図書館流通センター（TRC）との共同事業体によるもので、設計は株式会社日建設計が担当した。しかし、その建設は、住民投票により反対され白紙になった。当初の計画案は、外国作品を手掛かりとした商業主義的な建物で、図書館というよりも本屋に近いイメージであった。建物の形は、本を重ねてずらしたようなもので、

図1　基本設計の比較
上：当初案、下：弊社案

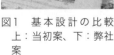

全国どんな街でも建てられるような案だった（図1）。計画が白紙になった後、市民の意見・図書館のあり方を話し合うため、新小牧市立図書館建設審議会が組織され、新図書館の建設方針を一七回にわたり慎重に審議した。二〇一七年六月、その結果を次のように導き出した。

①すべての市民が親しみやすく使いやすい図書館
②市民のさまざまな活動を支援する資料と情報が豊富な図書館
③課題解決のための図書館、情報発信のための図書館
④時代の変化に対応できる図書館
⑤市民参画の機会と場を提供する図書館
⑥人々が集い、行きかい、街の活力につながる図書館

この六つの基本方針のもとで検討を進め、二〇一七年九月、公募型プ

①	2015	12月　計画の白紙
	2017	6月　建設審議会 新図書館の建設方針 発表
②		8月　利用者アンケート／利用者等に関するアンケート調査 実施
		中学生まちづくりスクールミーティング 開催
		9月　（株）新居千秋都市建築設計 設計者に選定／市長打合
		10月　高校生まちづくりスクールミーティング 開催／市長打合
		11月　市長打合
③		12月　第1回ワークショップ 開催／第1回建設検討会議 開催
	2018	1月　市長打合
		2月　第2回ワークショップ 開催／第2回建設検討会議 開催／市長打合
		3月　市長打合
		5月　第3回ワークショップ 開催／第3回建設検討会議 開催／市長打合
		6月－8月　市長打合
		9月　第4回ワークショップ 開催
④		11月－12月　市長打合
	2019	2月　市長打合
		5月　第4回建設検討会議 開催
		10月－11月　市長打合
	2020	2月　市長打合
⑤		6月，8月，9月，11月　市長打合
	2021	3月　開館

①プロポーザル前、②プロポーザル時、③基本設計、④実施設計、⑤施工期間

図2　新小牧市中央図書館の建設プロセス

ロポーザル方式により、私たち「株式会社 新居千秋都市建築設計」が新図書館の設計者として選定された。ここでは、プロポーザルの内容、中学・高校生によるスクールミーティング、多くの市民が参加したワークショップの詳細、建設検討会議の内容など、新図書館の開館に至るプロセス（図2）を紹介する。

1．私たちのプロポーザル

（1）提案内容

模型や図面の比較等によって当初案を分析すると、東西に約七〇mの開架スペースがあった。そこで、図書館の管理運営がしやすいよう、約二六〜二八mの矩形の開架スペースを設け、その中央に管理エリアを配置し、より機能的な図書館となるよう提案した。当初案の外観は巨大なビルであったが、私たちの提案では、地域の小牧山を手掛かりに、階段状に建物を後退させ、各階にテラスを設け、周囲への圧迫感を軽減した。「商業開発依存型の街づくり」から「市民が生きがいを感じる街づくり」への転換を目指した。そのために、市民ワークショップを開いて、市民が新図書館に誇りを持てて、域外からも注目されるような「居場所」をみんなで話し合って決めることを提案した。周辺調査から、計画地は名古屋に近くポテンシャルは高かったが、二〇〇六年に桃花台線が廃止された影響により賑わいが少ない状況であった。さらに、駅前に緑が少なく、計画地と駅がバリアフリーではない歩道橋で分断されていた。織田信長が、かつてこの地で城下町の地割りを根付かせ全国に発展させたように、この建築を機に、「商業中心」から「居場所づくり」へ転換することで新しい日本の街づくりを、小牧から始めようと考えた。また、活気ある街にするには、建築単体ではなくエリア全体で考え、駅東側も含めて都市全体のあり方を提唱した。

駅前の東側にイベント広場を設け、北側の歩行者専用道路を広場とし、イベント時にランチカーが止められるゾーンを考えた。さらに、駅前及び敷地西側にある商業施設「ラピオ」と計画地とをつなぐ二つの大きな歩道橋をテラスと接続させ、ラピオとは地下通路でつなぐ提案をした。これらの提案をもとに、市民ワークショップで話し合いによって決めていくことにした。

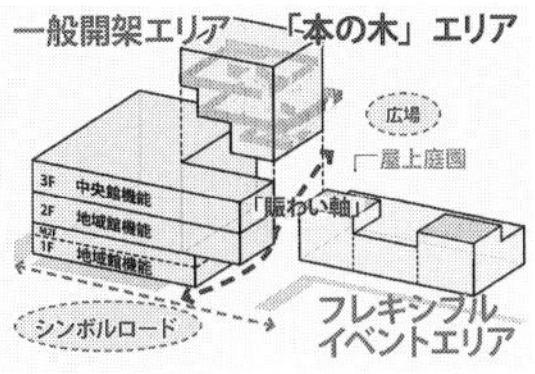

図3　3つのゾーンで構成された機能的で明快なゾーニング計画

(2)　三つのエリアで構成された明快なゾーニング計画

建物の内部構成は、機能を明確にするため三つのエリアに分け、南北に配された建物を自由に通り抜けできる「賑わい軸」を設定した（図3）。以下では各エリアを説明する。

①　「フレキシブルイベントエリア」

柱の無い大空間で、可動壁の使い方によってラウンジ、映画会などに使えるイベントスペース（調理ゾーン含）で、多目的会議室などに利用できるエリアである。

②「本の木エリア」

賑わい軸上には①と、後述する③を緩やかに平面と断面とでつなぐ「本の木」を提案した。メインの開架エリアとは別にオープンブラウジング、親子ゾーン、インフォメーション、デジタルサイネージ、カフェテナントゾーン、市民運営のできる物販エリアを設置した。

③「一般開架エリア」

西側のブロックでは、一階に児童エリア、二階にティーンズ、三・四階に一般書と専門書のエリア、そして閉架書庫を想定し、中央にカウンターを設けた。「本の木」エリアを取り囲むように学習室や、吹抜に面した閲覧スペースを設けた。

(3) 私たちの経験の説明

プロポーザルのヒアリング時には、これまでの実績を説明した。一九七六年から四〇年以上、横浜市で再開発や街づくりの基本構想に携わったこと、事業者募集の事務局や委員を務めたこと、さらに手掛けた建築には関内駅、赤レンガ倉庫、日本最大級（客室二三〇〇室）の超高層ホテルなどがあることを説明した。大分県や富山県などでアーバンデザインの実践、調査研究から得た知識、すなわち湯布院では中心部直径四〇〇mの範囲を、地元の実業家の中谷健太郎氏と溝口薫平氏らが映画のシーンのように街を作り替えたところ、来訪者が年間一万名から三〇〇万名に増えたということを伝えた。

小牧駅前が緑であふれ、高齢者や子どもに優しいユニバーサルデザインの考え方に基づく街にすることができ、そうした変化が活性化につながると説明した。

近年の図書館の傾向は、イタリアの図書館アドバイザーであるアントネラ・アンニョリ氏の著書『知の広場』『拝啓市長さま、こんな図書館をつくりましょう』や、根本彰氏の『理想の図書館とは何か』、そして青柳英治氏の『ささえあう図書館』などからうかがい知れる。これらの本をもとに、市民が親しみやすく集いやすい図書館は、家でも職場でも学校でもない、とびきり居心地のよい「サードプレイス」としての役割を果たす必要があることを説明した。

私たちが手掛けた建物は、これまで地域の名所、観光地となってきた。その証として、たとえば、茨城県の水戸市西部図書館は吉田五十八賞やＪＩＡ二五年賞（二五年以上存在し活性化している建築に送られる）を受賞した。また、映画『図書館戦争』や『水曜日が消えた』のロケ地にもなった。また、これまで手がけた建築が中学校の教科書などに掲載されており、建築学会賞も含め七七の賞を受賞し、街の宣伝にも寄与していることなどをプロポーザル審査の委員に説明した。

2．プロポーザル入選後に行ったこと

（1）近隣建物の調査と分析

図書館の計画に関する本は、概して出版までに時間を要する。そのため、図書館を取り巻く

目まぐるしい変化に十分対応できていない。ゆえに、市長や行政担当者との意見交換にあたっては、近隣の類似施設を自分たちで調査・分析した上で比較・検討し、それらを新しくデータとしてまとめることが不可欠である。たとえば、同じスケールで各図書館の図面をまとめ、一般書架・児童書架・事務室などエリアごとに比較を行った（図4）。客観的なデータや図書館職員、図書館コンサルタント、そして建設検討会議の委員などの意見から、新図書館の書架や座席の配置、それらの機能などを検討した（表1）。

　プロポーザル選定直後から、新図書館の設計に反映させるために愛知県及び近隣の岐阜県の図書館など、

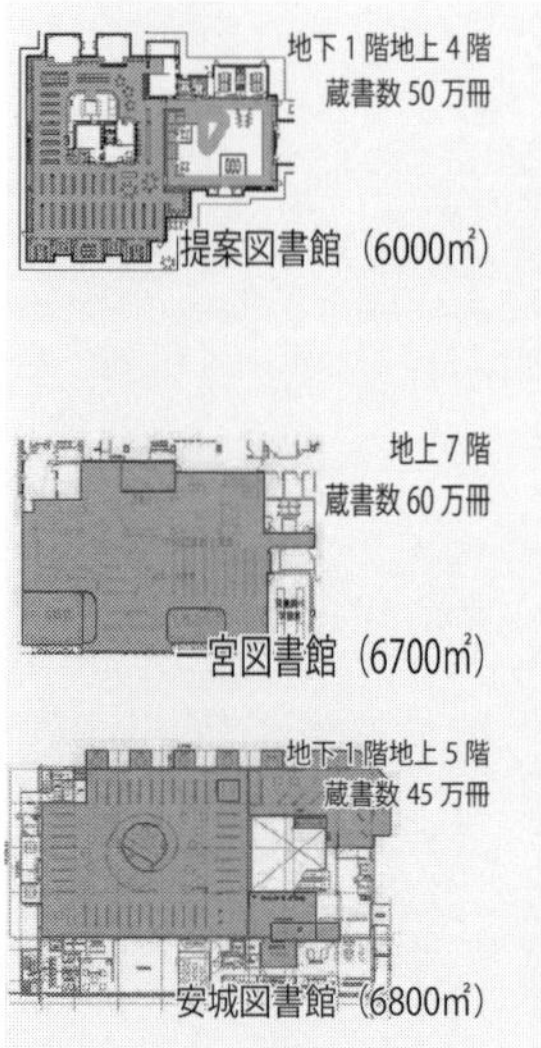

図4　図面化した類似施設

	新小牧市立図書館	安城市図書館	大府市図書館	一宮市図書館
人口	14.9万人	18.8万人	9.2万人	38.6万人
総蔵書数	50万冊	45万冊	40万冊	60万冊
図書館面積／延床面積(建物)	約5130㎡／約6090㎡	約6808㎡／約9193㎡	約3650㎡／約10000㎡	約6701㎡／約21406㎡
一般閲覧席	250席(296)	550席	190席	206席
人口比率		440席	304席	80席
冊数比率		605席	238席	171席
ブラウジング	35席(33)	40席	26席	42席
人口比率		32席	42席	16席
冊数比率		44席	33席	35席
児童図書エリア	66席（61）	133席	54席	84席
人口比率		106席	86席	33席
冊数比率		146席	68席	70席
ティーンズコーナー	70席(63)	0席	6席	0席
人口比率	児童とティーンズで		10席	
冊数比率	136席		8席	
図書館内学習室	112席(102)	72席	40席	257席
人口比率		58席	64席	100席
冊数比率		79席	50席	213席

表1　施設の適正規模の検討（座席数の比較）

図5　現地調査を行った愛知県近隣図書館のプロット図

図6　現地調査の様子

三八館を対象に図面を検討したり、電話等でヒアリングをしたりして分析を行い、実際に現地調査する図書館を選定した（図5・図6）。現地調査では裏方の人たちのクレームを聞き、各部屋の大きさを比較し、特別に作られた部屋の検討を行った。日本ではこのような地道な調査を行い、コンセプトを作り上げるような「考える」ことが重視されず、こうした作業にあまり価値が見出されていない。そのことが、よい建物を作れない一因ともなっている。

一宮市、大府市、安城市、岡崎市、岐阜市、関市、小牧市内のすべての図書館等、そして小牧市の議員が推薦した田原市中央図書館、評判がよい神奈川県の大和市立図書館を見学して分析を行った。現地調査には小牧市の行政担当者や図書館関係者、そして山下史守朗市長も加わった。

こうした比較調査を行うことで、使用目的や近隣図書館とのバランスを考え、適正な面積、座席数などを検討していった。

(2) 近隣図書館のヒアリング結果から学んだこと

① 一宮市立中央図書館（愛知県）

この図書館は、駅ビルの中にあり、施設全体の延床面積が一一四〇六㎡と大きい（図書館は六七〇一㎡）。図書館職員は一度、商業施設に出て返却本を運ぶ問題があり、各階にバラバラな機能が詰め込まれていた。また、学習室は整理券を出すほど人気が高かった。以上のことから、新図書館でも動線の明確化、学習室の位置のあり方をもっと検討することになった。

② おおぶ文化交流の杜 図書館（愛知県）

この図書館は、図書館部分の面積が約三八〇〇㎡だが、施設全体の面積は約一万㎡と大きい。廊下の幅等については、もう少し縮められると感じられた。ビルの長さが約九〇mであるため、図書館サービスの提供が難しいと思われた。

閉架書庫は自動出納書庫だったが、初期投資がかかりプランに制約が出る。故障時に莫大な修理費用がかかるといった問題もある。そのため、小牧市の図書館長はこのシステムの導入に反対であり、新図書館では電動と手動の両方が可能なタイプを検討した。また、プロポーザル時、四階にあった閉架書庫を二階に移し、四階の一般開架の視認性を確保した。

③ 安城市図書情報館（愛知県）

この図書館は蔵書収容能力が四五万冊、面積は七〇〇〇㎡で、新図書館は五〇万冊、六〇〇〇㎡であった。そのため、ローコストで一〇〇〇㎡分の効率を上げる必要があった。駐車場は安城が別棟で六〇〇〇㎡であった。

建物の中央部分には、約一二〇㎡の吹抜やエスカレーターが設置されていた。併設のホールは図書情報館との連続性が感じられず、少し寂しい印象をもった。自動書庫、デジタルサイネージや電子新聞、自動返却機、図書除菌機などがあった。最上階の飲食可能なスペースは広く、女子学生が談笑していた。一般開架に談話や飲食可能なスペースを置くと音の問題が生じるため、新図書館では一階に作ることを検討した。

④ 岡崎市立中央図書館（愛知県）

この図書館は、真ん中に広いストリートがあり、蔵書は約一〇〇万冊で、特にビジネスコーナーが充実し、郷土資料を丁寧に保存していた。閉架式の自動書庫があり、図書返却機は利用者が本を返却するとすぐ仕分けされるようになっていた。ＩＣＴ化は図書館側の管理運営の効率化やサービスの高度化を図れたり、利用者側の直接サービスにかかわる利便性を高めたりできるので、ヒアリングを継続して検討することになった。

⑤ 田原市中央図書館（愛知県）

この図書館は、録音室や朗読サービス室、郷土資料室、たたみコーナー、視聴ブース、個人研究室などが充実しており、家具も含めアットホームな空間となっていた。一部の閉架書庫を公開し、新聞などのバックナンバー（既刊号）を利用者が探しやすいよう工夫されていた。スチール製書架の図書館とは一線を画し、木製家具を使用した暖かみのある空間を作り出していた。また、館長は図書館の運営を、指定管理者には頼まないという強い意志を持っていた。

⑥ 稲沢市立中央図書（愛知県）

この図書館は、入口に展示コーナーが設置され、研修室は可動式パネルにより多様な利用が可能となっていた。児童閲覧室では、子どもたちが楽しめるよう書架を赤・青・黄色などに色分けする工夫がなされていた。新図書館でも色によって識別度を高めたり、特徴的な家具を配置したりすることで、本とのつながりを検討することにした。

⑦　岐阜市立中央図書館（岐阜県）

この図書館は、内部が八〇m四方の大空間の中にパオのような照明付きの傘が吊られており、一体化した空間の中にいろいろな人のアクティビティが見え、世界にも前例がない建築だと感じた。賛否両論あるようだが、書架をコンクリートで作るなど区画を処理するためのさまざまな工夫が見られた。蔵書の収容能力が約九〇万冊であり、新図書館の約二倍弱の延床面積に収まっている。また、複合施設内にはスターバックスやローソンもあった。さらに、学校での読書活動や図書館活動を推進する学校連携室が設置されていた。新図書館でもこれらの配置を検討することになった。

⑧　大和市立図書館（神奈川県）

この図書館では大和市長の説明を受けたり、スターバックスの人からも意見が聞け、運営時間等参考になった。ほとんどの移動家具が同じ会社だったのを、山下市長の提案で移動家具もすべて実際に座って試すことになり、また各社の中からバランス良く選ぶことになった。

⑨　小牧市立図書館／他分館（愛知県）

この図書館は、延床面積が二二〇〇㎡のところ蔵書冊数が三二万冊であるため、収容能力の限界に近づきつつあった。また、子どもが巣篭りできる空間や、六〇㎡前後の吹抜があった。さらに、閉架書庫の中には多くの巻物等があった。分館もすべて見学し、新図書館にも既存の図書館のよい部分を取り入れ、居心地がよく親しみやすい施設とすることにした。

これまで見学した図書館からヒアリングした内容と、他館の図面から分析した事がらをもとに、開架ゾーンを青色に塗って面積を比較したり、各部屋の面積を人口や蔵書数等で按分したりして、新図書館のスペースについて適切な数値を導き出した。さらに、各エリアの座席数を比較分析し、すべてのエリアで他館の平均値よりも座席数を多く配置するようにした。

3. 小牧市におけるワークショップ

(1) 次世代の意見を聴く

小牧市では基本設計の期間が半年程度と短かった。当初の計画が白紙撤回され長い年月をかけて、「新小牧市立図書館建設審議会」「新小牧市立図書館建設検討会議」「市民アンケート」などを通して、多くの市民の意見を反映させながら計画が進んでいた。時間に余裕がなかったため、私たちが手掛けた岩手県大船渡市のように平面やプログラムを大きく動かすようなワークショップはできなかった。図書館自体を建設すべきか否かを話し合っている時間もなく、アンケートに回答してもらった結果を最後に報告することにした。

今回のワークショップでは、特にこれから小牧市を背負って立つ中学・高校生や大学生、PTA・ボランティアの人たちなどを中心に進めることになった。後述する中学・高校生のスクールミーティングから始め、必要であれば実施設計までワークショップの開催を延ばしていくことを提案した。

ワークショップは、通常、多様な世代の意見を幅広く聴いてまとめられる。そのため、実際に施設を使う子どもたちの意見が少なかったり、施設の建設自体への反対論が表出したりする場合もある。しかし、このワークショップでは、新図書館のあり方に集中して実施することができた。

(2) スクールミーティングの開催

二〇一七年八月二九日に開催された「中学生まちづくりスクールミーティング」には、小牧市内の三つの中学校から計二三名の生徒が参加した。この時はプロポーザルが実施される以前であったため、私たちは参加していなかった。そのため、資料をもとにミーティングの内容を分析した。また、二〇一七年一〇月二〇日に開かれた「高校生まちづくりスクールミーティング」(以下高校生ミーティング)には、愛知県立小牧南高校の生徒一四名が参加し、私たちも議論に立ち会った。その後の市民ワークショップでは、小牧中学校、小牧工業高校などの生徒たちが参加した。

「親しまれる図書館を目指して」というテーマで、生徒たちは今までに図書館を利用した時の経験を思い返し、その時に感じたことを付箋に書き出して模造紙に貼り、意見を集約して、市長とも意見交換しながらまとめた。

主な意見として、「ガラス張りで室内も明るく」「多種多様なイスやソファを置いて、皆がくつろいで本を読める」「屋上に芝生やテラスを作って、本を読めたら素敵だ」「飲み物であれば館内どこでもＯＫにする」「地場品を販売」「木製書架で落ちついた雰囲気にする」「図書館のＩＣＴ化」「周辺施設とコラボレーションし、多様な企画を共同で打ち出し、小牧市民だけでなく、近くの市の人も惹きつける」「タリーズやスターバックス等の全国チェーン店がよい」などが出された。

ある生徒は付箋に図書館のイメージを描いてくれた。それは吹抜空間があり、階段がいろいろな所につながっていく絵だった（図7）。この絵は、後に基本設計、実施設計へと反映されていった（図8）。また、別の生徒からは、学習室の設置に加えて、経済格差により教育を受けられない人たちのために、定年退職した教師を雇って講師にしてはどうかと提案があった。小牧市の中学・高校生のワークショップのレベルが非常に高く、指導教員の努力を感じた。

文部科学省が提示した新しい大学入学者選抜（二〇二〇年以降）では、「学力の三要素」である①知識・技能、②思

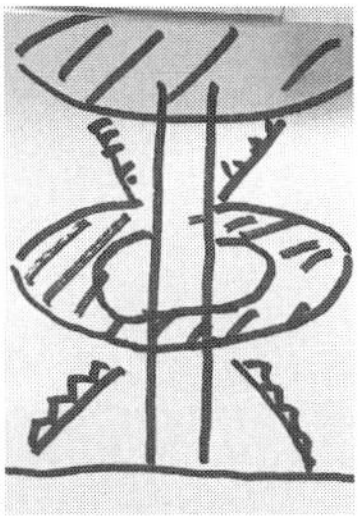

図7　高校生が描いた図書館のイメージ

図8　竣工時の内観写真

考力・判断力・表現力、③主体性を持って多様な人々と協働して学ぶ態度を多面的・総合的に評価し、大学教育における質の高い人材育成につなげていくことが期待されている。思考力や主体性を評価する手法には、このようなワークショップが有効であると言える。

高校生ミーティングが終わった数週間後、小牧南高校の小塩卓也校長（当時）からメールを受け取った。今回の高校生スクールミーティングについて大変感激され、生徒会の機関紙において、当日の様子や私たちの事務所のことを取り上げてくれた。その中でも、高校で実施していた「アクティブ・ラーニング」で身に付けた主体的・対話的な学びが、高校生ミーティングにおいても大いに役立ったようであった。

4．市民ワークショップの開催

(1) 第一回ワークショップ（二〇一七年一一月一〇日開催、八七名参加）

第一回ワークショップでは、経過やプロポーザル時点での案、これまで実施した市民アンケートやスクールミーティングで出された意見、近隣図書館のデータを分析した結果などを報告した。どんな図書館にしていくかゾーンごとに具体的なイメージを示し、参加者同士で意見交換した。

議題は、「小牧市の自慢は？」「駐車場はどれくらい必要だろう」「周辺はどのようなつながりがよい？」「共用部はどんな空間にしたい？」「イベントエリアではどんなことがしたい？」

「どんな場所にする？」『本の木』でどんなことがしたい？」であった。当社スタッフが各テーブルに行政担当者と付き、私が各テーブルを移動して、市民の方々の議論が活発になるようアドバイスした。以下では、参加した市民から出された意見をエリアごとにまとめて示す。

・図書館エリア
　個人学習スペース、グループ学習スペースの充実／ゆっくり座れる椅子の配置／一日中遊び感覚でいられる場／天井から光が入り風が抜ける／漫画や雑誌を読める場所

・イベントスペース
　展示や作家の講演会や音楽会、映画会／フリーマーケットなど地域参加型のイベント

・市民交流スペース
　利用者の方からのブックレビューとその本の紹介コーナー

・カフェ・売店
　カフェチェーン店の導入／小牧の名産を買える売店の設置

・ICT
　フリーWiFiやタブレット等の有効活用／検索システムの更新／タッチパネルでできる館内案内／座席に使用無料コンセントの設置

・テラス・屋上緑化
　緑に囲まれたテラスや座る場所がたくさんあり、本が読める

・駐車場・駐輪場

より多い台数で駐車スペースを広く／学生の利用も多いので駐輪場も広く

なお、プロポーザル時は、建物と歩道橋とを接続する計画だったが、ワークショップの結果、歩道橋との接続をやめ、テラス空間のセキュリティを確保すること、新図書館と歩行者専用道路に公園的な要素が加えられることになった。

(2)　第二回ワークショップ（二〇一八年二月四日開催、八三名参加）

第二回ワークショップでは、第一回ワークショップのまとめや近隣図書館の分析結果などを報告し、平面計画などを模型を用いて説明した。その後、ピクチャー・ランゲージを用いて参加者がイメージする図書館について、六グループに分かれ活発な議論を行った。ピクチャー・ランゲージとは、約五〇年前に私が大学の卒業制作で考え出したものだ。事前に準備した複数の写真をもとに、ワークショップの参加者が感じたこと、考えたことを文章によって表現する方法である。

これまでのワークショップでは、設計者が完成予想図をもとに説明を行い、参加者はそれを聞いて意見を出す形が多かったが、口頭による説明では設計者の意図する空間イメージが伝わらないことがあり、また市民が要望している空間イメージを文章にすることで、設計者に伝わらないこともあった。こうしたことから、コミュニケーションギャップが生じる可能性が考えられた。

そこで、第二回ワークショップでは、前述したピクチャー・ランゲージの方法を取り入れたイメージカードを使用した。カードはB６版で上部には写真によるイメージを載せ、下部には文章が書けるもので、一〇一枚準備した。付箋に意見を書いて台紙に貼っていくワークショップでは、意見が出なかったり、同じ意見が重複して多様な議論に発展しなかったりすることがある。他方、イメージカードを使うと、写真から各々が感じ取った事がらをもとに意見を出せるため、箇条書きのような短文ばかりでなく、長文の意見が出てくることも期待できる。短い文章だけでは、空間をつくる際に市民の意見をどこまで正確に共有できるかが懸念されるが、イメージカードを用いることで、私たちは市民が望む空間を十分に理解することができた（図9）。以下では、イメージカードを使って議論した事がらの一例を質問と意見に分けて示す。

質問：「図書館と小牧の街を活性化させるには、どのような機能が必要だと思いますか」

意見：中学生や高校生が発表できる場／市民活動団体が利用できるスペース／地域産業フェスタなど地元企業とコラボレーションできる機会／郷土資料の展示／個人用学習ブース／復興支援のアンテナショップの出店／全国

図9　意見がたくさん記されたイメージカードと使用された写真

チェーン店の誘致／物産コーナーの設置　など。

質問：『本の木』エリアやイベントスペース、売店可能エリアで、どのような団体が運営を行うと小牧市の魅力を発信できると思いますか」

意見：図書館サポーター／読み聞かせボランティア／障がい者支援団体／小牧市のアピールポイントとなる製品を作る企業／観光協会　など。

質問：『本の木』エリアやイベントスペース、売店可能エリアで、イベントの企画・運営に自ら参加していきたいと思いますか」

意見：学校の部活動の発表で参加したい／高校生・中学生ボランティアとして協力したい／地元企業や市民と積極的に関わって参加していきたい／推薦本を紹介する企画で参加したい　など。

このほかに、イメージカードには次のような意見も書かれていた。「高い本棚で囲まれ、中央にある本棚は低く、木製の書架がよい」「飲食可能な開架スペース」「子育て世代に便利なベビーカーを持ったまま入れる場所」「多様な閲覧スペース、ソファ、本棚の箱、本棚のベンチ」「子どもたちがワクワク楽しめる空間」「吹抜から本棚が見えるように」「屋上緑化で開放的なテラス空間」「穴倉のような隠れ家的な空間で親子が一緒に本を読める」などがあった。

ワークショップで市民から出された意見から、基本設計では、スロープ下のデッドスペースを活用し、子どもが籠れるような場所を提案した。展示についての意見が多かったので、一階の共用ラウンジ空間に物産や情報展示ができる空間を計画した。結果的には、情報交流ラウンジとして、市内の多くの活動団体の情報を発信する場となった。カフェ空間は、市民が望む大手のカフェチェーン各社にヒアリングを行い、適切な規模のカフェ空間の設置検討を行った。ワークショップを通して子どもたちを含めた市民が地域に愛着をしっかり持っていることを実感できた。

（3）第三回ワークショップ（二〇一八年五月一三日開催、七一名参加）

第三回ワークショップでは、基本設計や第二回ワークショップのまとめなどを報告し、平面計画などの設計案について、模型を用いて説明した。その後、一階共用空間とラウンジ空間等や、三階と四階の学習室の具体的な利用方法について、参加者は六グループに分かれて活発な意見交換を行った。さらに、より具体的な機能についてワークショップで話し合った。以下では、その時やり取りされた質問と意見の一部を示す。

質問：「一階の共用空間に本が置ける棚を設置することが可能です。その場合には、どのような本を置くのがよいと考えますか。また、本以外にも何か展示したいものなどあれば、教えてください」

意見：新聞・週刊誌、ファッション誌／イベントのチラシ・ポスターコーナー／市内の各ボランティアの情報発信・小牧の手土産・観光スポット・各地区の紹介コーナー　などが挙がった。

質問：「ラウンジ空間（一部物販を検討）では、どのようなことがしたいですか」

意見：小牧の物産を物販、特産品のアンテナショップ・本間パン／本や服のリサイクルフェア／ワンデイショップ（食事、飲物）・絵、習字などの発表の場／レシピをもとに実際に料理する／地域情報が発信される場であるとともに、地元と企業とが連携して企画や発表を行え、飲食が可能なスペース／雑誌や料理本、手芸など実用書籍などの要望が出された。

これらの希望をもとに図書館職員と排架計画を見直して、実施設計に落とし込んだ。図書館の本をどのエリアまで持ち出せるようにするか、磁気やＩＣタグを利用した図書館資料亡失防止システム（以下貸出管理ゲート）をどこに設置するかは、図書館の性格に大きく関わる。当初、私たちは、開架エリアをエントランスホールと貸出管理ゲートで区切り、本を持ち出せる範囲を限定していた。管理面では、その方がよいという意見もあるが、「カフェで本を読みたい」といった意見を受け、館内の広範囲で本を利用できた方がよいと考えた。そこで、貸出管理ゲートを設置する場所を各風除室（外気の流入や風を緩和する目的で入口に設けた小部屋）に設定し、開架エリアを最大限に広げて市民が自由に本を読める場所を拡張することで、エントランスエリアにも多くの本を排架できるようにした。また、「遅くまで開館していると仕事帰りに立ち寄れる」といった意見を受けて、一階エントランスエリアにシャッターなどで区切れるエリアを設定し、ほかのエリアよりも長く開館できる開架エリアも実現した。

質問：「学習室と多目的会議室の使い勝手を考慮した場合に、どんな機能が必要だと思いますか」
意見：WiFi・防音機能・コンセント・水のみ場／グループで講師を呼んで学べるようにしたい、学習サポーターがいると助かる／幼児向けの保育活動／ヨガ・習字・パソコン・外国語・朗読会等の意見がでた。

さらに、参加者に「どのエリアでの企画・運営等に携わってみたいですか」との質問を投げかけると、「新図書館」との回答が見られた。そこで、市民の企画やアイデアが盛り込まれた運営となるようにした。市直営の運営体制を主として、ボランティア団体や多くの市民に運営面で連携・協力してもらえるような「図書館運営市民サポーター組織（仮称）」を立ち上げていくことがよいと説明した。

（4）第四回ワークショップ（二〇一八年九月九日開催、一一二名参加）

第四回ワークショップでは、これまでのワークショップで出された意見などを実施設計にどのように反映したのかを中心に報告を行った。これまで行ってきたワークショップの集大成とも言えよう。その後、質疑応答を行い、参加者から意見を聞いた。今までの模型約三〇から選定した模型を計画の変遷順に四つ並べて、自由に市民が触って、イメージできるようにした。

パワーポイントを使用した説明だけでなく、会場後方にA1版のパネルや、今まで作成した模型を配置し、これまでの経緯を見られるようにした。

さらに、会場内だけでなく、より多くの市民の目に留まるように小牧市内の商業施設や学校、駅前など計一四か所にパネルも設置した。ワークショップや建設検討会議などで何度も同じことをさまざまな角度から検討することで、参加者の中にある利己的な考え方を利他的なそれへと変化させ、自分も地域の一員であると認識できるようになる。そして、それは地域の人たちの幸福度を高めることにつながっていく。

5. 建設検討会議の開催

建設検討会議は、新図書館建設を進めていく上で、客観的かつ公正な第三者による専門的な視点をもとに、設計業務及び建設業務の進捗状況ならびに運営計画、その他建設に関する事項について意見を聞くことを目的に設置された。委員構成は、小牧市立図書館協議会委員（一三名）、学識経験者（二名）である。建設検討会議は、ワークショップが開催された後に開かれるという順序で計四回行われた。

（1）第一回建設検討会議（二〇一七年一二月一九日開催）

一回目の会議では、第一に、プロポーザルの提案内容と市民アンケートをどのように分析したのかを説明した。第二に、ワークショップの進め方を説明した。具体的には、ワークショップ開催後二週間ほどで出された意見を分析し、次の二週間で行政担当者と打合せを行い、その後の三〜四週間で次回のメニューを決定し、参加者に知らせるという周期である。第三に、これまで実施した調査の説明をした。具体的には、建物のスケール感を理解してもらうために、近隣図書館の調査結果を写真だけでなく、同じスケールで並べた図面を使用し、小牧市において適切な図書館とはどのようなものかを提示した。第四に、小牧駅前における直径四〇〇mエリアの重要性や商業施設「ラピオ」と新図書館との住み分けなど、周辺環境について、私たちの考えを説明した。第五に、新図書館内のイベントスペース、吹抜、飲食のあり方などについて説明の上議論した。

（2）第二回建設検討会議（二〇一八年二月二六日開催）

二回目の会議では、前回からの変更点の説明、ならびに委員から出された意見への回答を行った。以下に委員の意見とそれへの対応を一部紹介する。

まず、「事務スペースの面積が小さくないか」という意見には、これまで行ってきた分析・調査を根拠に適切でコンパクトな事務室としたことを説明した。次に、「吹抜が要らないのではないか」との意見には、これまで開催したスクールミーティングと市民ワークショップでの市民からの意見を踏まえていること、過大な吹抜空間とならないよう既存の近隣図書館などを調査し、それらよりも小さいものとしていることを説明した。さらに、「図書館建設に反対している、なぜこの場所か、ラピオでどうか」という意見には、小牧市が行ったアンケートを示して、八〇%超が新図書館の建設場所に満足していること、約一六%が小牧市にはしっかりした図書館施設を作ることを望んでいること、を説明し理解を求めた。

(3) 第三回建設検討会議(二〇一八年五月一四日開催)

三回目の会議は、基本設計が終わり実施設計の開始時期に行った。多くの模型を見せて、これまでの過程を示した。

ここでは特に、基本設計から実施設計への過程において建設検討会議で出された意見をもとに修正した点を紹介する。

まず、窓については、必要最低限とし大きさを調整して全体に高さを少し低くした。西側の窓を減らし、西日による日射負荷を抑制した。次に、三階は建物西側を柱の無い空間とし、排架スペースや動線を確保して、多様な座席を配置した。静かな空間で学習できるサイレントルームも設置した。最後に、四階には会議や学習などさまざまに利用できる多目的会議室や郷土資料コーナーを設置した。郷土資料コーナーには、ガラスケースやデジタルサイネージを使えるようにした。

(4) 第四回建設検討会議(二〇一九年五月二八日開催)

四回目の会議は、実施設計完成時に市による報告会という形で行った。以下では、主な報告内容を示す。

第一に、基本設計段階と比べると建築面積は約一〇九㎡、延床面積は約二二㎡、高さは約一ｍそれぞれ縮小した。第二に、ユニバーサルデザインの徹底を図った。たとえば、施設の北東側には、歩行者専用道路と一体的に広場空間を確保した。第三に、アクセスに配慮して、風除室を三箇所設置し、各風除室には貸出管理ゲートを設置した。第四に、児童からティーンズへの成長段階に合わせて利用できるよう、一・二階に緩やかなスロープ空間を設けてつながりを持たせた。最後に、蔵書検索機、自動貸出機、座席予約システム、電子図書館システム、ＩＣタグを用いた蔵書点検機などを導入して、資料の貸出・返却・提供の各局面においてＩＣＴ化を進めた。

6. 市長の役割

建築は出された意見だけを集めていくと行き詰まる。そうした状況を打破するには、偶発性や冗長性を受け入れられる建築家が必要となる。そして、公共施設においては、行政担当者だけでは変えられない部分や、意見を重ねていくうちに保守的になり当たり障りのない考え方へと向かってしまいがちになる。こういう時にこそ市長の決断や思い付きが重要になる。

山下市長は直感力が鋭く、街に対する愛情が深く、優れた人物だ。今回の設計過程でも、一階の「賑わい軸」通りの風除室周りに気になるところがあるとの指摘があった。私もその周辺が気にかかっていたので、カッターを渡して好きなように模型を切ってみてはと提案した。すると、彼は六m四方の部分を要らないと切り取った。構造的にも重要な部分でやり直しになると思ったが、この一カットで建物にもっと力が出た（図10）。私はこういう機会が好きだ。私たちの作業が増えても、結果がよくなればそれでよいと考えている。もちろん、よくない提案だったら反対するが、政治家＝市民の代表という自負＝直感力は、関係者を正しい方向へと導いていく。行政担当者に任せっぱなしにする市長も多いが彼は一味ちがった。

図10　市長の助言前の模型　市長の助言を受けて大幅に修正した模型

7．設計にあたり注力したこと

⑴　排架計画

排架計画では、図書館職員や図書館コンサルタント（ＴＲＣ）の要望・指摘を整理する必要があった。建設方針に示された目標蔵書数に沿って、平面計画に落とし込んで検討を行った。当初は、区分・本の種類・冊数のみの情報しかなかった。そこで関係者が意見を出しやすいようベース案を作成し、図書館職員が提示した排架計画案を丁寧に検証して、計画との整合を取りながら意見を調整し、検討を繰り返した。さらに、検討案についてコンサルタントのノウハウを取り込み、計画の強化を図った。「本に囲まれた空間」「幼児や小さな子どもたちが楽しめる」「子どもたちの隠れ家・秘密基地的な空間がよい」など、ワークショップで出た市民の意見を含めて何回も検討した。

⑵ 書架や家具の検討

書架は、スチール製ではなく、温かみのある木製がよいという意見が市民から多数あがっていたので、すべて木製で計画した。詳細な模型や図面をもとに、寸法や色も検討した（図11）。施工中は原寸模型を製作し、使いやすいか、危険な箇所はないか確認を行った。何十枚もの色見本を製作し、空間に合うかどうかを、使用する床材も合わせて並べ、家具と色のバランスを市長も含めて関係者と決めた。既製品のスチール家具が安いと考えられがちだが、少しでも特注にすると価格が非常に高くなるため、全体的には木製家具の方が安いという結果になった。備品や可動式家具の検討では、メーカー数十社の中から、コスト・素材・重さなどを私たちの設定した基準に照らして、数百点ほどを選定した。私と体格が異なるスタッフ四名ほどで、選定した家具の座り心地、使い勝

図11　詳細模型での検討

図12　スタッフによる机や椅子の確認

手、危なくないかなどを議論しながら、三〇〇点以上を実際に確認した（図12）。選定した八〇点程度の家具を小牧市に送り、エリアやタイプ別に並べて、行政担当者や図書館職員も座ったり、動かしたり、強度を確認したりした。さらに、備品が新図書館に合っているか色味の検討を行った。デザインした家具については、実物大の模型を製作し、見え方、座り心地、照明の付く場所、色合いなど、何度も丁寧に検討した。

(3) 空間イメージの重視

各スペースは、テーマを決めて検討を行った。たとえば、児童スペースでは、絵本の世界を参考に子どもたちが楽しめる空間とした。お話し室のソファは、絵本『はらぺこあおむし』（エリック・カール作）のような赤、緑、薄緑の各色で構成した。ベビーカーを揺らしながら座れる本棚付きのベンチは『エルマーの一六ぴきのりゅう』（ルース・スタイルス・ガネット作）の竜の青と黄の二色で構成し、子どもたちが楽しめる空間を市民と一緒に作り上げた。

また、各スペースを検討するにあたり、周辺建物も含めて各空間を三次元でモデリングすることによって、空間をイメージしやすいような動画を製作した（図13）。施工図よりパネル割や形状、サッシなど、図面や模型、パースだけでは理解しづらい細部まで検討を行った。オリジナルで製作した家具も、色味のパターンを何十種類も作成し、どの色合いが空間に合っているかを検討した。屋上緑化や周囲のランドスケープ（景

図13　CGによる動画
上：内部、下：外部

色・風景）やテラスのテーブルやベンチなどを、景観の観点から再検討し、ユニバーサルデザインを徹底した。

おわりに

かつて小牧駅前は物寂しい雰囲気であった。しかし、新図書館の完成により、子どもから高齢者までが思い思いに過ごせ、市民がワークショップで描いたイメージの通りに完成した。テラスでは緑に囲まれながら本を読むことができる。吹抜や重力換気の窓を設けたり、市長の強い希望により机の幅を通常の八〇cmから一mと広めに取ったり、ＩＣＴ化を進めたりした。

住民投票により、当初の図書館建設がいったん白紙になるなど紆余曲折を経ながらも、二〇二一年三月二七日に新しい図書館が開館した（図14）。朝九時開始の式典に参加すると、広場で

図14①　かつての小牧駅前

図14②　図書館完成後の小牧駅前

図15①　広場で催されたバザー

図15②　オープニング当日の館内の様子

はバザーが開かれ、一〇時からの開館を待つ人たちで行列ができていた。開館と同時に館内に人が流れ込み、本を求めて歩き回ったり、好みの席を探したり、親子でホコラに座ったり、スターバックスに行ったりと思い思いに過ごしていた（図15）。開館直後にもかかわらず、館内には一〇〇〇人を超える人たちがいたのには驚いた。

二〇二一年九月九日に発行された『日経アーキテクチュア』では「旧図書館の来館者数は一八年度で一日平均四二一人。対して、新図書館の来館者数は、二一年三月末の開館から六月末までの集計で、一日平均二二七八人と五・四倍に増えた。来館者のデータは、緊急事態宣言期間やまん延防止等重点措置期間を含む。開館時間を一時間短縮し、席数を約半分に間引いているにもかかわらず、コロナ禍前の五倍以上という数字から、新図書館の人気ぶりがうかがえる」と評価されている。

ワークショップの開催時、高校生だった参加者が式典に招かれていて、「自分たちの意見が反映された図書館が完成して最高です。ワークショップの影響もあり、現在、大学で図書館のことや情報処理が学べるコースに通っています」との声を聞いた時、この世代が、小牧の街を支えるようになった時に、これまでの参加から協働が生まれてくると確信した。

参考文献

新居千秋「私の二五年の図書館づくりから学んだこと」（特集 図書館へ行こう！図書館のちから

（1）『労働の科学』七四巻七号、二〇一九年、三五―四一頁

文部科学省「大学入学者選抜について」https://www.mext.go.jp/a_menu/koutou/senbatsu/index.htm（最終アクセス：二〇二一年三月二〇日）

『中学生まちづくりスクールミーティング――親しまれる図書館を目指して 実績報告書』小牧市、二〇一七年、一二頁 http://www.city.komaki.aichi.jp/material/files/group/2/29juniorma.pdf（最終アクセス：二〇二一年三月二〇日）…①

『高校生まちづくりスクールミーティング――親しまれる図書館を目指して 実績報告書』小牧市、二〇一七年、一七頁 http://www.city.komaki.aichi.jp/material/files/group/2/29highmsm.pdf（最終アクセス：二〇二一年三月二〇日）…②

「第一～四回 新小牧市立図書館建設ワークショップ実施結果」小牧市、二〇一七～二〇一八年 http://www.city.komaki.aichi.jp/admin/soshiki/kyoiku/newlibrary/7038.html（最終アクセス：二〇二一年三月二〇日）…③

「新小牧市立図書館建設工事 基本設計図書（概要版）」株式会社 新居千秋都市建築設計、二〇一八年 http://www.city.komaki.aichi.jp/material/files/group/59/kihonsekeigaiyou.pdf（最終アクセス：二〇二一年三月二〇日）…④

「新小牧市立図書館建設工事 実施設計図書（概要版）」株式会社 新居千秋都市建築設計、二〇一九年 http://www.city.komaki.aichi.jp/material/files/group/59/zisshisekkeigaiyoubann.pdf（最終アクセス：二〇二一年三月二〇日）…⑤

宮永博行「小牧市中央図書館（愛知県小牧市）本と過ごす居場所を創出――山をイメージした外観で駅前を活性化」『日経アーキテクチュア』一一九九号、二〇二一年、六〇―六九頁、参照は六三頁…⑥

＊①～⑥の参考文献については、新居千秋都市建築設計主幹、村瀬慶彦が編集協力

〈第3章〉

累代の記憶を大切にする新しい図書館

――気仙沼図書館・気仙沼児童センター

柳瀬寛夫（株式会社 岡田新一設計事務所代表取締役社長）

はじめに

一〇〇年以上続く図書館の歴史は市民とともにある。

二〇一一年三月に起こった東日本大震災（以下震災）により甚大な損傷を被りながら、他に先んじ被災一九日目に図書館業務を再開したことにも、それが端的にあらわれている。不安な日々を送っている宮城県気仙沼市の市民のため、情報提供や安らぎの場をいち早く復活させたいとの使命感から、即座に館内の使える部分を整理し、再開準備へと向かわせたと思われる。

とはいえ当時の図書館は、建築基準法施行令が新耐震基準に改正される前の一九六八年竣工の建築だったこともあり、損傷は主要構造部にまで及んでいた。二階すべてと一階の一部は再使用不能との判定を受け、余儀なく全館建て替えを宣告された。この状況で気仙沼市は、被災前と同面積の図書館を国からの全額補助でいち早く再建する選択肢を取らず、時間をかけてこれからの気仙沼図書館のあり方を検討していく方向に舵を切った。これも、日頃の市民との対話を通して、市民ニーズの変化に敏感であったからと言える。

新館設計者選定のための設計プロポーザルが公告されたのは、震災から三年半が経った、二〇一四年八月のことであった。その間に熟考された市民の求める図書館像は、『気仙沼図書館再建整備検討委員会報告書』（基本計画）(1)（以下『検討委員会報告書』）に集約されていた。

ここで、設計者の選定方法についてであるが、一般的にプロポーザル方式は「案」を選ぶコンペティション方式と違い、そのプロジェクトに最適な「人」を選ぶことに主眼を置いている。よって設計者の考え方、取組体制、実績などが評価対象になるが、現実はプロポーザル提案書に示された具体「案」が審査の結果を大きく左右する。そして、設計プロポーザル審査会での評価は、一定のお墨付きを得たものとなり、実務担当者による協議や市民ワークショップを繰り返したとしても、一部のケースを除き、その骨格はあまり変わらないのが実状である。

したがって、設計プロポーザルへの参加者募集に際し、市民の声をしっかりと反映した『検討委員会報告書』が前提条件として示されたことは、気仙沼図書館が市民とともに歩んだ一〇年の歴史を継承するうえで、重要なポイントであったと言える。

筆者が共同代表を務める岡田新一設計事務所は、設計プロポーザルに応募し設計者に選ばれた。以降では、市民とともに歩んできた気仙沼図書館の軌跡と新館完成までの過程をたどる。さらに、工事段階および開館後まで続く市民と行政との協働によるワークショップ開催を通した活動内容を紹介していく。

1．気仙沼市の図書館の歴史と、市民とのかかわり(2)

気仙沼地域の公立図書館として、一九一六年四月に気仙沼図書館（旧気仙沼町立気仙沼図書館）、本吉図書館（旧御岳村立図書館）が開館した。現在は気仙沼図書館唐桑分館を含めた三館体制に移動図書館二台を加え、市全域サービス網を形成している。

(1) 市民の善意による発展

二〇一八年に刊行された『気仙沼市の図書館一〇〇年のあゆみ』(3)の中で、当時、気仙沼図書館長であった熊谷英樹氏は、気仙沼図書館の特筆すべきことを二点挙げている。一点目は、篤志家から寄贈された蔵書をもとに児童図書館として出発し、以降市民の善意によって発展してきたことである。

気仙沼図書館の母体は、一九〇七年に気仙沼尋常小学校の校長であった臼井千代吉が校内に設置した児童図書館であり、町内の愛書家広野貞助（のち太兵衛を襲名）より寄贈された児童読物や雑誌を基本蔵書としていた。一九二七年に小学校が現在地に移転したことに伴い、当時の町長新沼綱五郎が、私費で学校敷地内に独立した建物として図書館を建設し、町に寄付した。一九四五年、終戦まもなく町民の寄付金で図書を購入する「気仙沼町図書館維持後援会」が組織され、一一〇名の会員より一人毎月一〇〇円の寄付が集まった。住民の図書館支援運動として、全国に先駆けるものであった。

（2）菅野青顔という図書館人の存在

特筆すべきことの二点目は、菅野《かんの》青顔《せいがん》という稀代の図書館人の存在である。「菅野は時代の風潮に関わらず、市民のために名著は名著として図書館はこれを収集・保存し、閲覧に供するべきであるとの信念を、戦前・戦後を通して一貫して持ち続けた」と記されている。『大気新聞』の文芸部長だった菅野が、事務嘱託として図書館に就いたのは一九四一年であった。八年後に館長に昇格し、一九七八年に退職するまで三七年間、強烈な個性で図書館運営に情熱を傾けた。蔵書の充実にも努め、篤志家の継続的な寄付による図書購入や蔵書家の手沢本の遺贈なども積極的に受け入れた。

一九六八年に市制施行一〇周年記念事業として、気仙沼小学校に隣接する現在地に建設された図書館（二〇一一年震災当時の図書館）の計画も菅野が主導した。ともに奔走した当時の市長広野善兵衛は、初期の児童図書館の蔵書を寄贈した広野太兵衛の実弟であった。図書館は、一九六三年に日本図書館協会（以下日図協）が『中小都市における公共図書館の運営』（『中小レポート』）を刊行した直後に計画・設計着手された。当時の新しい市民サービスの考え方が導入され、青森県の八戸市立図書館（日図協施設委員会が設計した当時のモデル図書館）や東京都の大田区立洗足池図書館なども参考にされた。

(3) 東日本大震災による被災

二〇一一年三月、震災による本吉図書館と唐桑分館の被害は軽微であったが、気仙沼図書館は強震により甚大な損傷を被った。

再建にあたり、再建整備検討期間が設けられ、未来につなげていくために、被災前の一九四四㎡を復旧するに留まらず、上限三〇〇〇㎡（児童センターを含め三五〇〇㎡）に拡張することになった経緯は、気仙沼図書館のこれまでの歴史をたどると自然な成り行きであったと納得できる。

再建財源を国の災害復旧予算のみに求めると、同規模での再建が条件となるが、菅原茂市長は「復興とは元に戻すことではない」という姿勢を貫いていた。生まれ育った気仙沼の実情を知り尽くし、震災前から続いていた若年層の人口減少や、基幹産業の水産業における水揚量の減少なども踏まえ、未来への視座を持たない再建では意味がないと考えたのである。図書館のいち早い再開とともに、そうした次代にふさわしい再整備への舵取りにも、歴代施政者につながる「市民目線」の系譜が感じられた。

2.『検討委員会報告書』の作成(4)

二〇一一年一〇月に策定された市震災復興計画では、気仙沼図書館は「社会教育施設の復旧・再建重点事業」に位置付けられた。二〇一二年度に教育委員会内に「気仙沼図書館整備事業検討委員会」が設置され、現地で再建すること、震災前の規模を上回る床面積を確保することとの方針が固まった。

二〇一三年度に市内外の学識経験者、有識者、そして利用者など一二名から成る「気仙沼図書館再建整備検討委員会」が設置され、具体的に求められる施設内容や機能等の検討が始まった。宮城県図書館のサポートも続いた。

二〇一四年三月に、委員会が取りまとめた『検討委員会報告書』（基本計画）のキーワードは〝つながる気仙沼図書館〟。これまで市民とともに歩んできた歴史を踏まえ、震災後の地域復興のために、「人と情報　人と人　過去と未来　地域と市民」がそれぞれつながることで、新たな図書館のめざすべき方向性を示した。さらに、「重要な公共施設」「図書館機能を持つ文化と情報の拠点となる施設」「気仙沼市という地域に建つ施設」といった三つの側面から重視すべき整備方針を、この先の展開も踏まえて整理した。そのうえで、具体的な施設内容、各部門、各室の備えるべき基本条件や規模などを明示した。

なお、復興のためにインドネシア政府から送られた二〇〇万米ドル（当時の為替レートで約一億六〇〇〇万円）の寄付金は、児童室（児童図書エリア）整備の一部に活かされることになった。震災前、気仙沼の水産加工技術の習得を求めるインドネシアからの実習生を受け入れていたご縁によるものだった。ここにも〝つながる気仙沼図書館〟の一端を垣間見ることができる。

3．施設の複合化への道程(5)

気仙沼市では、震災前から児童福祉施設の再編整備計画の検討が進められていた。その背景には、少子高齢化や核家族化などに起因する市民ニーズの変化があった。全国的に育児に対する不安感や子どもの虐待なども社会問題となりつつあった。

震災により、この再編整備計画は見直しのうえ早期実現を迫られることになった。市民に寄り添える体制を強化するため、老朽化した古町児童館を市内児童館の中核拠点として整備することが決まった。しかし、当時の敷地は狭隘であり、被災した中心市街地にも建設可能な土地が限られていたことから、新施設をどこに建てるかが課題となった。こうした状況が図書館と児童センターを結びつける要因の一つとなった。

同時に、施設の複合化による相乗効果への期待もあった。当時の図書館は児童サービスに力を入れていたが、より高度で多様な取り組みを模索していた。また、児童センターは中学・高校生の利用の少なさ等が課題となっていた。それらを解決すべく、二つの施設を複合化することで、新たな利用者層やニーズを開拓し、相乗効果を高めていく方向に進んだ。

従来の図書館は教育、児童センターは福祉という、縦割りの行政区分を越えた「複合」がスムーズに進行したのは、サービス対象となる世代が重なることのみならず、市長をはじめとする行政の側に「震災前に戻るのではない」という共通認識が浸透していたことが大きい。

4．設計プロポーザル段階での設計提案

前述したように、設計プロポーザルでは、何らかの設計イメージを提案する必要があり、建築家にとって市民ニーズの把握は出発点となる。その点、このプロジェクトの募集要項および『検討委員会報告書』は丁寧に整理され、わかりやすかった。また、当時の図書館には郷土資料や古くからの街の写真展示も多く、それらが収集されるに至った経緯の説明も丁寧であったため、市民とともに歩んできた歴史を具体的に想像することができた。

そこで、『検討委員会報告書』のキーワード〝つながる気仙沼図書館〟を、「市民目線」を尊重しながら、具体化しようと試みた。

（1）震災後の気仙沼から感じたこと

筆者が初めて気仙沼を訪れたのは、二〇一一年四月、震災の約一月後のことであった。この時は日図協の図書館施設委員会の委員として被災調査のために赴いた。東北新幹線はまだ不通の状態で、ようやく復旧した空の便で仙台空港まで飛び、仙台からＪＲ気仙沼駅前までバスで

向かった。到着地点ではまだ見えていなかった惨状が、港に向かうにつれ眼前に畳みかけてきて、言葉を失うばかりだった。

二回目の訪問は三年後の二〇一四年四月であった。被害の爪痕はまだ点々と残り、港周辺の土地のかさ上げが始まっていた。三回目は、それから数か月後のことだった。設計プロポーザルに応募するため、あらためて市街地を歩き回った。復興にあたり変えていくべきところは多々あるものの、都市の記憶とは市民累代の記憶であり、変えなくても済むところは記憶をたどれるように配慮すべきと感じた。高台にあった図書館は、激震により損傷を抱えてはいたが、築五〇年の存在感を維持していた。敷地の道路際に、菅野と懇意だった大空詩人永井叔《ながいよし》の石碑（一九六九年建立）も残っていた。

（2）〝つながり〟を重視して累代の記憶を紡ぐ(6)

設計プロポーザルでは、これまでの市民と図書館の記憶を大切にする建築の実現を提案した。具体的には、第一に、港からサクラの樹林越しに遠望できる建物のシルエットをほぼ再現すること。第二に、出迎えてくれるエントランスは、前面の道路からわかりやすく、旧館と同じ東向きであること。第三に、エントランスに入ると上下階のつながりがわかるオープンな階段が見えること。第四に、書架の間から港を背景にしたサクラが楽しめること。このように、これまでの面影を彷彿とさせる建築構成を基本形としつつ、複合の相乗効果を最大限引き出し、未来へとつながる希望を見出すための工夫も強調した。

また、この地の守り神のような四本のスズカケノキへ敬意を表することも大切と考えた。子連れの親たちが幼少の頃にはすでに枝を広げていたはず。その子どもたちが親になる頃も大樹であり続けるに違いない。設計プロポーザルでは、そうした累代の記憶をつなぐスズカケノキと共存するように、建物の左右から張り出た二つのウィングが「森のひろば」をつくって、子どもたちに遊び場を提供することも提案した（図1）。

図1　スズカケノキと共存する建築（小学校から見る）

完成後、「ボランティアおはなしほっとけーき」の千葉千賀子氏から、「私は隣の気仙沼小学校に勤めていて、あのサクラやスズカケノキはどうなってしまうのか心配していた。あそこまで大きくなるには時間がかかる。残してもらって本当によかった。外観も風景にマッチしている」との好評価をいただいた。

図書館と児童センターをつなげる具体案としては、相乗効果を発揮できるように、子どもたちの活動領域の中心を一階にまとめ、両施設の境をあいまいにして回遊性を持たせた。事務室も一体化し、職員相互の仕事の状況を把握しやすく、協働しやすい環境づくりを提案した。しかしながら、設計プロポーザル審査会のヒアリングでは、組織運営上の難しさを懸念する指摘を受けた。

5．設計段階における市と設計者チームの協働

プロポーザル審査の結果、幸運にも筆者らは設計者に選ばれ、以降、気仙沼市の担当チームと頻繁に打ち合わせを重ねた。

市側の体制は、建設部建築住宅課が推進役となって、教育委員会生涯学習課、図書館、保健福祉部子ども家庭課、古町児童館による合同チームであった。設計者側は、筆者が管理技術者として率いる岡田新一設計事務所（意匠、構造、設備、積算、ランドスケープ各担当）に、図書館コンサルティングとして岡本真氏が主宰するアカデミック・リソース・ガイド（株）を加えてのチーム編成であった。

設計の打ち合わせは、津波で被災した新聞社屋を改修した教育委員会の二階会議室で開催された。その眼下では、ブルドーザーや大型トラックが何台働いているのかわからないほど、各所で陸地のかさ上げ改造が行われていた。市内の広範囲にわたり、土木・建築関連の設計、工事が次から次へと進行し錯綜していた。個人・団体を問わず多数のボランティアも懸命に活動していた。

（1）市民に寄り添う設計協議

当初は、設計段階で市民ワークショップを開催し、直接市民の声を聴く構想もあった。しかし、図書館西側に隣接する中学校の校庭にも仮設住宅が建ち並び、小学校の校庭を小・中学校で使い分けるなど、平常時の市民生活とはかけ離れた状況にあった。その中で、この施設だけを対象とするワークショップを開くことは、行政、市民ともに難しいと思われた。

ただ、設計協議が始まって気付いたのは、ほとんどの担当者が気仙沼市民であり、震災の苦労を越え復興をめざす当事者でもあるということであった。市民の代表として、多くの市民の声を設計に反映させようとする使命感をひしひしと感じた。

公共図書館として一〇〇年、現在の場所に当時のモデル館が完成して五〇年の長きにわたる市民との絆は、日々の図書館サービスの中での会話やイベント開催での協働によって積み上げられてきた。市民の声を体感で理解していたからこそ、市民に寄り添う意識に基づく設計協議となった。二〇一三年一月から二月にかけて実施された市民アンケートや利用者懇談会などの記録からも、市民の図書館職員に寄せる信頼がうかがえた。

（2）図書館と児童センターのより良い「融合」を探る(7)

設計プロポーザル審査会にて、「垣根を越えて事務室を一体化することの難しさ」を指摘された理由は、図書館は教育委員会、児童センターは保健福祉部の管轄の違いによるものであった。特に、開館時間帯の違いによるセキュリティの確保や、子どもたちの入館チェックの方法などが課題とされた。全国的にみても図書館と児童センターの複合のあり方は、エントランスホールを隔てて左右に分かれる構成が圧倒的に多い。理由の一つに「管理のしやすさ」が挙げられる。また、施設内で靴を履いたまま利用するか否かという「利用方法の違い」も関わっている。清潔を維持するため児童センターには靴を脱いで入館すべきとの観点に立つと、靴を履いたままの利用を原則とする図書館とはエリアを分けた方が、建築の造り方としては合理的である。

ところが、市民の立場からすると、児童センターから図書館の本が見える隣り合う関係の方が、子どもたちの意識を喚起できて立寄りやすくもなる。靴を脱ぐ図書館のお話し室などは、どちらからでも入れた方が多様な使い方ができる。設計協議では、児童センター職員の、極力子どもたちや保護者の居場所の近くにいたいとの考えを尊重しつつ、子どもを中心とした家族が幅広く活動でき、管理と市民サービスの提供もしやすくなる建築構成が模索された。図書館、児童センターともに、靴を脱ぐ利用が望ましい場所とその理由を十分に話し合い、そのゾーンを最小限にすることで、相互乗り入れしやすい両施設の「融合」をめざした。

(3) 縮小案に対しての判断

当初、二階の図書館にも学び合える場所を多く設けるとともに、三階に市民サロンを設置する計画で基本設計がまとまりつつあった。特に用事がなくても過ごせる居場所を増やしたいという要望の実現を意図していた。ところが市全体の復興予算の見直しにより、やむなく面積の縮小を伴う予算圧縮の方針が打ち出された。

削減対象として、まずは三階、さらに一階と二階も一スパン（柱から柱までの一区画）を削ることから始めた。設計者として死守したかったのは図書館管理用のエレベーターであった。一階の事務作業室と二階のバックスペースとをつなぐエレベーターは、業務を行ううえで必須と考えていた。他方、図書館担当チームは、利用者用エレベーターを兼用する選択肢を選んだ。多少の不便はあっても、利用者スペースの減少を少しでも食い止めたいとの判断からであった。

（4）『検討委員会報告書』の実現をめざして（8）

『検討委員会報告書』は、図書館機能の本質を捉え、すべての市民が利用しやすい設計とすること、そのうえで気仙沼らしい活動のできる工夫を重ね合わせることを求めるものであった。設計協議での図書館担当チームの視点も同じであった。

まずはこれまでの図書館利用の記憶を継承すべく、前面の道路からエントランスまで続く道のりを改築前とほぼ同じルートにした。一九六九年に建立された大空詩人永井の石碑「図書館へ行く道をきいている　あのおじさんは　きっと好い人にちがいない！」も、これまでのように道路際にあって、より気づきやすいように向きだけ変えた（図2）。今回新たにエントランス前の館銘板に、コピーライターの糸井重里氏から市民へのエールとして送られた言葉「行ク道ハ　タノシミ。帰リ道ハ　ヨロコビ。」が加わった。二つの言葉には「道」という字が共通する。つまり、エントランスまでのアプローチは、半世紀以上の時空を超えた「道」となり、市民と

図2　道路脇にある永井叔の石碑

図3　1階の児童図書エリア

図4　2階の一般図書エリア

ともに歩む図書館の歴史を象徴し続ける。

一般図書エリアは二階に配置した。中央階段を上がったところに、おおむね一二歳から一八歳を対象としたヤングアダルト図書、視聴覚資料や漫画を排架するなど、一階に配置された児童図書エリアを拠点とする子どもたちが、二階へも行きやすいつながりに配慮した（図3・図4）。それは音のゾーニングにグラデーションをつけることでもあった。一階は子どもと子どもの幸せを願う大人たちが中心であり会話やざわめきを伴う。二階に上がってすぐのエリアに前述した資料を排架することで、〝ほどよいざわめき〟を許容し合える雰囲気を連続させた。静けさを求める人たちの好む空間は、さらに奥に用意されており、音への許容度を緩やかに変化させていく空間構成とした。これにより、多様な市民が心理的バリアを感じにくく、共存しやすい空間をめざした。

　さらに、「二階には何があるのだろう」と、子どもたちの関心を惹き付けるため、エントランスホールの階段は緩やかならせん形状とし、トップライトから降り注ぐ天空光で明るく浮き立つようにした。それは空に向かって伸びるスズカケノキを見立てたものであり、外周に巡らせた手すりの機能を果たすプレートには、生い茂る葉をイメージした小開口を切り抜いて光をまとわせるデザインとした。幹を想定した中心の円柱（エレベーターシャフトの壁）には、糸井重里氏から送られたもう一つの言葉「ナニカ ハ ココニ ココロ ノ ナカニ」を一字ずつ浮き上がるように掲げた（図5）。

図5　中央階段と壁面の糸井重里氏の言葉

　二階のサービスデスクやレファレンスデスクは、利用者の目に威圧的に映らず、かつ全体を把握しやすい要の場所に置いた。展示スペースもその近くに点在させ、テーマごとに企画できる形を取った。海事・水産や郷土に関する資料など、気仙沼を再確認し、創生につながるエリアも充実させた。

　書架の配置計画では、館内を巡る視線の先には窓を付け外の緑が見えることで、閉鎖感をなくし気持ちが安らぐように配慮した。南側と東側はサクラ、北側はスズカケノキなど既存樹が見え、西の中学校側は工事中仮植えしていたイチョウを窓辺に植えた。落葉の頃には、港や安波山《あんばさん》がよりはっきり見える。そうした景色を楽しめる窓辺のカウンター席や、友人や家族と学び合えるテーブル席や学習室を設けるなど、多様な学習に対応できるよう居場所にバリエーションを持たせた。一階には雑誌の最新号を排架したフリースペースと一緒になったカフェも設けた。外の景色を楽しみながらおいしいコーヒーや食事も楽しめる。

インテリアの設計では、市民の気持ちを明るくさせる「色と光の心理的効果」にもこだわった。内装材は特に艶の出し具合や光の屈折効果を意識し、たとえば窓周りの金属や書架に付けられた案内表示板などのアクリル板の縁には自然光や照明が反射し、見る角度によって優しい光を感じ取れる工夫を凝らした。

このように設計にあたっては、『検討委員会報告書』で掲げられた基本方針を常に意識し具体化していくことで、市民の学ぶ、生きる意欲を支える空間の実現をめざした。

6．継続的なワークショップの開催

設計段階において、いわゆる市民ワークショップの開催は見送られたが、設計の終了間際から工事段階を通し、開館後の利用方法も考慮に入れたユニークな市民活動が展開された。

それは次のような経験則に基づいている。前述のとおり、利用者から求められる施設の使い方を想定した設計を心がけてはいるが、事前に想定した使い方しかできないのでは公共施設として物足りない。特に、大規模な公共建築においては、施設本来の利用目的を超えたイベントなどを行うには発想の転換や組織的な合意が必要となり、実行しづらいものである。そこで「こんな使い方もできる」というシミュレーションを開館前に具体的に行うことで、開館後の利用に際してのアイデアを引き出しやすくなる。また、ワークショップを通して得られた成果は、工事期間中であっても間に合えば設計変更して反映もできる。

開館後も、施設の利用のしかたを工夫したワークショップなどの活動は、今日に至るまで積極的に行われている。

（1）気仙沼小学校と連携した「表土保全のワークショップ」の開催

二〇一六年五月、工事の発注を準備している時に、隣接する気仙沼小学校三年生の二、三時限目の授業の中で、「表土保全のワークショップ」を開催した。

敷地内の植物で移植可能なものは建設後に戻せるまで校庭の隅に仮植えする方針を立て、そのうちスイセンを子どもたちの手で移植した。三時限目は、樹にとってかけがえのない栄養を豊富に含む、その場所ならではの表土を保存しておき、移植後に根元に戻すことの意味を、生態学者の篠田授樹氏（地域自然財産研究所）に授業をしてもらった。このワークショップは、岡田新一設計事務所の設計協力者でランドスケープ・デザイン（景観設計）に精通する井上洋司氏（背景計画研究所）の紹介によって実現した。表土の中にいる多様な生き物が樹木と共生していることの実感から、子どもたちに何かに気づくきっかけを与えることができ、あわせて図書

図6　地元テレビ局の取材を受ける子どもたち

館・児童センターはそうした学びや遊びを支える場所になることを紹介した。

開館後の二〇一八年六月、当時ワークショップに参加した子どもたちは小学五年生になっていた。その子どもたちと一緒に校庭隅に移植したスイセンを、新館の南庭に戻すワークショップを開催した。全員ランドスケープデザイナーとなって植え戻す位置を相談し合って決めた。直前に児童センターの「ひらめきのへや」で、図書館司書の山口和江氏がスイセンに関する本を紹介し、子どもたち自身でスイセンについて調べ、知識を深めてから共同作業を行った。こうした様子を地元のテレビ局が取材した（図6）。

なお、スイセンは二〇二一年春も、子どもたちの植えてくれた場所がはっきりとわかるように可憐に咲いていた。

この企画は、当時の図書館の熊谷英樹館長と小学校の千葉清人校長との、日頃からの交流の賜物と言えた。それは開館直後にスタートした、気仙沼小学校の児童が下校後、帰宅せずに図書館・児童センターに直接、立ち寄れる仕組みをつくったことにもつながっている。具体的には、児童が各自「ランドセル来館カード」を携帯し、家庭、学校、図書館・児童センターがそれぞれ児童の来館を確認し合い見守ることで、それを実現している。

（2）「気仙沼てつがく探検隊」の開催

二〇一六年一〇月、工事が始まって間もなくのこと、第一回「気仙沼てつがく探検隊」を開催した。筆者が兼任講師を務めていた立教大学で知り合えた河野哲也文学部教授の研究室主催で、気仙沼市教育委員会、気仙沼図書館、岡田新一設計事務所が共催した。コロナ禍で中断するまで七回続けた。

この企画は、学年の垣根を越えて子どもたちが集まり、地域の自然や文化、歴史、産業を、最初に「フィールドワーク」によって体験することで、自分たちの住んでいる土地の価値や問題点を考えるきっかけを得る。次に、得られたことがらをもとに、これから地域社会をどのようにつくっていけばよいかを「てつがく対話」によって話し合う（図7）。対話を通して、見出した自らの関心や探究課題を、図書館の資料を使って探索を行うという流れを持つ。

「フィールドワーク」は、立教大学で教鞭も執る生態学者の奇二正彦氏（生態計画研究所）が担当した。一回目は仮設図書館の裏山の尾根を通って街なかへ抜けるコースとした。二回目以降は、海、里山、川などに出かけた（図8）。

歩き回って観察した後に行う「てつがく対話」では、いつも子どもたちの潜在能力の高さに驚かされる。たとえば、一回目では、テーマに沿って議論を進めていくうちに、「身近にある」と「身近に感じる」は、同じとは限らないのではないかとの発言が飛び出した。そして、家族や友だちは「身近にあって身近に感じる」が、海や裏山は「身近にあるが身近に感じない」という意見に頷く子どもが多かった。「どうしたら身近なものに気づけるようになる？」という

図7　てつがく対話の様子――輪になって話し合う子どもたち

図8　フィールドワークの様子――裏山で自然を探索する子どもたち

最初のテーマ設定そのものが曖昧であったことも指摘され、それぞれに問題意識を深めていく様子に、大人たちも考えさせられる機会となった。

五回目は二〇一八年の夏に開館後の図書館・児童センターにて、六回目は同年冬に公民館、小学校を含めて三会場で実施した。七回目は二〇二〇年二月、コロナ禍を警戒しながら、隣の気仙沼小学校において、五、六年生の授業の中でそれぞれ二グループに分かれて開催した。放課後、教員同士による「てつがく対話」も行った。

この企画は、子どもたちの成長を毎回実感できるほど成果を見出せる。しかし、ファシリテータに技量が求められ、「フィールドワーク」の下見も欠かせない。また、図書館職員が行う準備や子どもたちの募集に手間がかかるため、図書館単独ではなく学校や公民館も交えた取組みが進めやすいと感じている。

(3) 貼り絵〈コラージュ〉ワークショップ「気仙沼の〈色〉って、どんないろ?」の開催

建設工事が始まって半年が過ぎた二〇一七年三月、「色」をテーマとするワークショップを開催した（図9）。市民が親しみを感じる色の傾向を知り、建設中の図書館・児童センターの内外装の色彩計画に活かすことを第一の目的とした。不要になった雑誌から気仙沼らしいと思う色を切り抜いてコラージュ作品をつくるという、親子で楽しめる企画であった。

図9　「色」をテーマにしたワークショップの風景

「色」をテーマにした理由は、気仙沼には色を商品名に織り込んだ地酒や食品があり、気仙沼ブルーを標榜する藍染工房も所在するなど、「色」は気仙沼を活性化する切り札の一つになると感じたからである。〝気仙沼のよさ・らしさ〟を考え、発信力を高めるブランディング・デザインのために、また市民が日々の暮らしを楽しむためにも、みんなで「色」に着目し活用法を考えることにした。図書館はそのきっかけとなり、情報提供できることもアピールできた。

大人と子ども計三四名がつくり上げた四三点の作品

を会場内に展示、鑑賞し合った。これらの作品を見て気づいたことは、黒や灰色はほとんど選ばれていないこと、想定した青系だけでなく緑系も多いこと、ベタ色ではなく変化のある色で、しかも光を感じさせる写真の切り取りが多いことなどだった。「てつがく探検隊」を通して理解できた豊かな自然に包まれている環境が、市民の色彩感覚にも影響を与えていることを強く感じた。

この時つかめた感触をもとに、建物の外壁タイルの色や艶、さらに前述したインテリア各所において「気持ちを明るくさせる色と光の心理的効果」に活かすよう努めた。

(4) 開館日ワークショップ「世界にひとつだけの「磁石」をつくろう!」の開催

二〇一八年三月三一日、気仙沼図書館・気仙沼児童センターは開館し、セレモニーが執り行われた。その一環として午後にワークショップを開催した。

磁石シートをはさみで自由な形（星形など）に切り抜き、油性マーカーで絵を描き込み、世界にひとつしかない磁石を作ろうと呼びかけたワークショップで、作品の半分はおうち用に、残りを寄贈してもらう企画であった。その日のうちに館内に手作り感に満ちた温かみが増した。子どもたちは、自分の作った磁石が館内各所の掲示板で実際に使われているのを見るたびに、喜びを感じるだろうと期待した。

予想外のことであったが、小さな磁石の中に文字を書いた作品も割とあった。「ありがとう」と書いた子どももいた。きっとおうちの冷蔵庫にメモを貼ることをイメージしたのだろう。お母さんの喜ぶ顔を想像しながら、家族の幸せを育む図書館・児童センターの誕生を実感した。

7．開館後の評価と、市民に開かれた活動の継続(9)

運営責任者は、複合施設が利用者に及ぼす影響の観点から、各施設を次のように評価した。まず、図書館の吉田睦美館長は、図書館と児童センターの持ち味が融合され、学びと遊びのあり方が多様化したことを指摘している。図書館の利用者と児童センターの利用者が交錯することで、従来からの親子での来館に加えて、祖父母も交えた三世代で来館して過ごす姿が目立つようになったという。

他方、児童センターの清野由美子センター長は、これまでと同様に利用者の中心は乳幼児や小学生だが、図書館と一緒になったことで中学・高校生の利用が増え、他校の友人をつくる場にもなっているという。また、イベントで訪れた後に継続して利用する親子も多く、複合化による相乗効果を実感していると評価した。

二〇一八年三月に開館して以降、一年間の活動成果が認められ、「第一三回キッズデザイン賞」（二〇一九年）、「第三九回東北建築賞」（二〇一八年）などを受賞した。二〇二一年三月時点で満三年を迎え、図書館と児童センターがお互いのイベントを紹介し合い、共同企画を開催するなど、相乗効果はさらに高まっていると言える。開館後、筆者は幾度となく訪れているが、その度に多くの気づきがあり、楽しませてもらっている。

おわりに

図書館の棚には、いつも利用者の「知りたい」という欲求を満たす資料が並んでいる。おはなし会なども対象年齢層をきめ細かく設定し、子どもと子育て世代の多様なニーズに応えている。実験工作教室などや児童センターとの共同企画も数多く行われている。本の展示に加えて、地場産業の紹介や地域の名産品を扱った物産展などにも常時出会える。たとえば、そこで展示されている缶詰などの物産品を使った料理を一階のカフェで味わえたり、商品を購入できたりもする。図書館は、鮮度の高い魅力的な地域情報を発信する場として、地元企業やボランティア団体も巻き込んだ市民協働を今後も続けていくだろう。

児童センターに集う子どもたちやその家族のそばには、いつも職員の微笑みがあるように感じられ、明るくほのぼのとした雰囲気が漂う。聞こえてくる声は、子どもも大人もみな張りがあってうれしそうだ。廊下の角にある大きな作品展示板には、いつも子どもたちの作品が全面に貼られていて、訪れる者の心を惹き付ける（図10）。また、開館当初から熱心に活動する「母親クラブ」の、子育て世代へ向けて貼られたポスターなども、子どもたちの作品に交じって魅力的に見える。

このような双方の活動を垣間見ることによって、これまで子どもに馴染みの薄かった大人の図書館利用者が、子どもへの関心や理解を深める効果も出ているようである。

図10　児童センターの大きな作品展示板

市民のための図書館は、〝知の蓄積〟の点でも、〝市民それぞれに愛しい人々と過ごした記憶や、自分の成長の過程を思い起こせる〟点でも、時間軸に意味を持つ場所である。今後デジタル技術の浸透により、〝前者〟は場所を越えたさまざまな展開を見せるであろう。他方、〝後者〟の価値が、故郷につながる公共空間としてますます重要になるとすれば、「建築が長く存在すること」「魅力あるサービスがずっと継承されていること」は、累代の記憶をつなぐ図書館として必須条件になる。

一〇〇年後の気仙沼図書館・気仙沼児童センターがそれを証明できるように、関係者は今できることに尽力している。

注・引用文献

（1）『気仙沼図書館再建整備検討委員会報告書』気仙沼図書館再建整備検討委員会、二〇一四年、二九頁

（2）国立国会図書館関西館図書館協力課『地域の拠点形成を意図した図書館の施設と機能』（図書館調査研究リポート No.18）国立国会図書館、二〇二〇年、一六三頁、引用は二一、二六―二七頁 https://dl.ndl.go.jp/view/download/digidepo_11488787_po_lis_rr_18.pdf?content-

No=1&alternativeNo=（最終アクセス：二〇二一年三月一四日）

（3）『気仙沼市の図書館一〇〇年のあゆみ』気仙沼図書館、二〇一八年、八六頁 https://www.kesennuma.miyagi.jp/edu/s187/010/010/010/150/toshokan-ayumi.pdf（最終アクセス：二〇二一年三月一四日）

（4）前掲（2）、引用は二六―二七頁

（5）前掲（2）、引用は二七―二八頁

（6）前掲（2）、引用は二九頁

（7）前掲（2）、引用は二九―三〇頁

（8）前掲（2）、引用は三〇頁

（9）前掲（2）、引用は三四―三五頁

〈第4章〉

市民の意見を反映した回遊性重視の図書館
——日進市立図書館

柳瀬寛夫（株式会社 岡田新一設計事務所代表取締役社長）

はじめに

日進市は愛知県の中部に位置する田園学園都市で、西に名古屋市、東は豊田市などに隣接する。新図書館の設計が開始された二〇〇五年の人口は、七万八五九一人であったが、その一〇年後の二〇一五年には八万七九七七人となった（いずれも国勢調査）。また、四〇歳代までの若い世代の比率は六三・四％であり、全国（五三・六％）と比べて約一〇ポイント高く（国勢調査二〇一五年）、活気のあるまちである。

市域（三四・九一㎢、二〇二〇年六月八日現在）はコンパクトで、中心域に市役所や中央福祉セン

図１　図書館内の開架閲覧エリア

ターなど多くの公共施設が集積している。新図書館も、市役所に隣接していた当時の図書館から歩いて五分程度の所にある。また、中心域を発着点とする日進市巡回バス「くるりんばす」網は、市のほぼ全域に張り巡らされている。

このような市域のコンパクトさやアクセスのよさから、日進市立図書館は単独館を充実させる方針で整備が進められた。もとより図書館に対する市民のニーズは高く、行政側もその声に応えるべく施策を打ち出してきた。そうした姿勢は、市民も積極的に参加するかたちで基本計画の段階から設計、そして工事期間を通して続けられ、開館後は市民との協働に引き継がれている。

筆者が共同代表を務める岡田新一設計事務所は、設計プロポーザルを経て設計者に選ばれた。ここでは、市民の声に丹念に耳を傾け、それを反映してきた日進市立図書館の新館完成までの過程をたどる。さらに、現在まで続く活動内容も紹介していく。

1．扉の開閉によって管理区域を変更できる建築のあり方(1)

日進市立図書館は二〇〇八年一〇月に開館した。開架一八万冊規模の図書館を建築する場合、市民の財産である図書を守るために、磁気やICタグを利用した図書館資料亡失防止システム（以下貸出管理ゲート）を入口付近に設置することは、その当時すでに普及していた。留意点として誤作動で戸惑う市民への迅速な対応が必要とされ、サービスデスクなど常時職員のいる傍に設置することが多かった。そのため開架閲覧エリアの入口を一か所に絞る、いわゆる「巾着袋方式」が一般的とされていた。

また、この図書館は学習室のある開架閲覧エリア（図1・図4）に加え、ワークショップゾーンも併せ持っている。具体的には、一階に平土間で一〇〇名収容できる視聴覚ホール、会議室三室、工作室、フリースペースが設けられている。入口近くにカフェもある。二階にも大会議室、IT講習室など多様な世代が学び合える場が用意されている。これらはすべて内部の機能として図書館長の管轄下にある。

こうしたワークショップゾーンの配置を貸出管理ゲートによる管理区域の〝内とするか、外にするか〟は、建築の使いこなしに大きく影響する。そこで、設計打ち合わせや後述する市民ワークショップにおいて、使い方のシミュレーションを繰り返し行った。当時、教育振興部図書館・新図書館準備室（以下新図書館準備室）主幹（二〇〇六年度から図書館長兼準備室長）であった

図2　管理区域を変更できるガラス扉(図3の扉C)

土本潤氏は、利用者同士のふれあいや学び合いに対するニーズを重視しつつも、貸出やレファレンスなど図書館としての主要機能に支障を来さぬことを基本姿勢としていた。

たとえば、ワークショップゾーンを貸出管理ゲートによる管理区域〝内〟とする場合は、本を持って自由に行き来できるが、音の出る催しや利用者の会話に制約が出てしまう。また、夜間や図書館整理日など開架閲覧エリアを閉めた時にもワークショップゾーンを使いたいという市民ニーズに対応しづらい。他方、ワークショップゾーンを管理区域〝外〟とする場合は、開架閲覧エリアとワークショップゾーンは〝融合〟ではなく、単なる〝併設〟となり、一体的な利用に限界が生じてしまう。そこで最終的に、二つのゾーンをループ状につなぎ、扉の開閉によって管理区域の境界線を変えられるようにした（図2）。

（1）ループ状の構成で多様な市民ニーズに対応

エントランスを進むと、ふれあいの庭が眼前に広がる。その左側にワークショップゾーン、

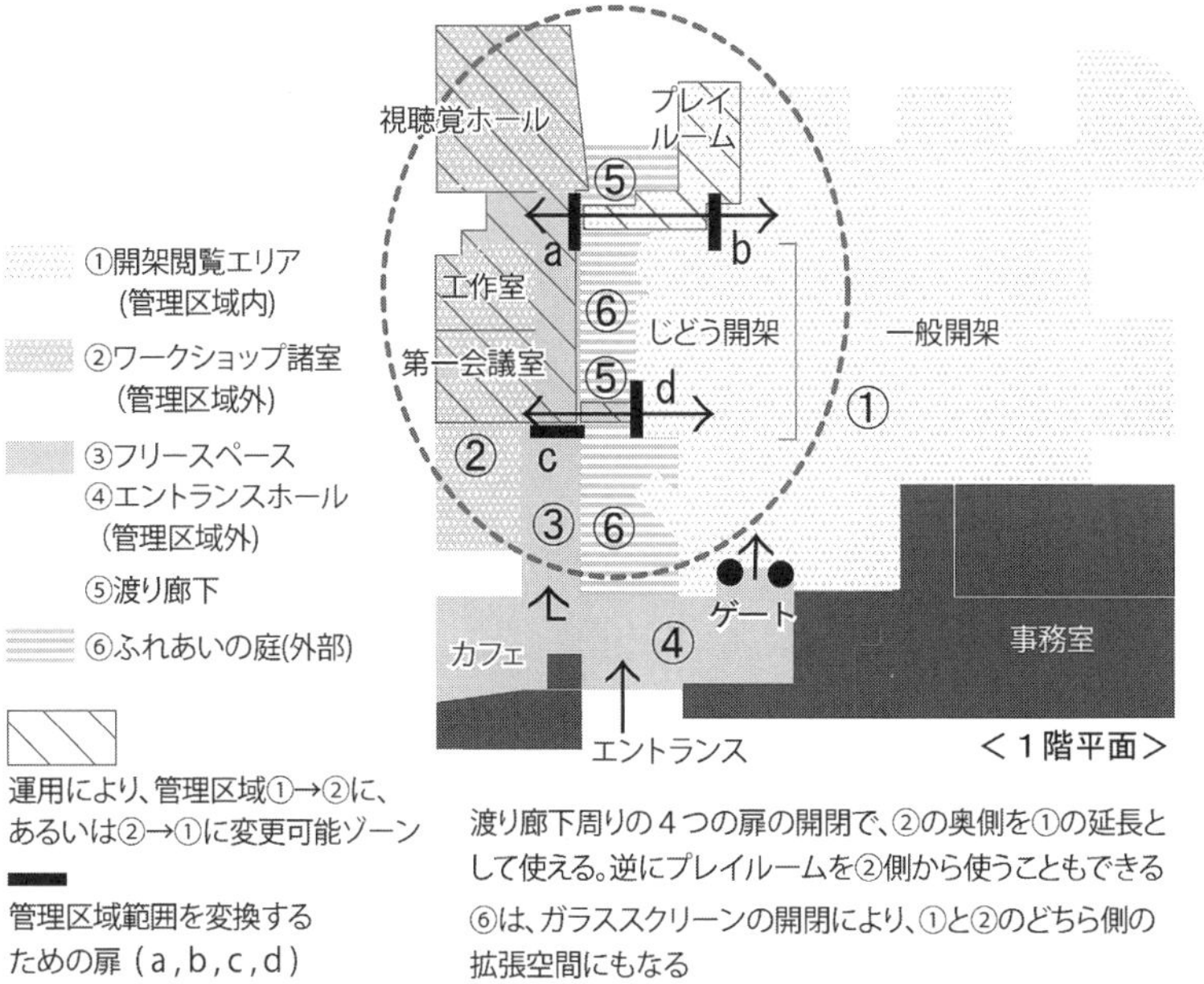

図３　扉の開閉により管理区域をシフトできるループ状の構成（１階平面概念図）
（出所）「日進市立図書館：設計 岡田新一設計事務所」『近代建築』63（4），2009年，p.57.をもとに一部加筆

右側に開架閲覧エリアを配する構成を基本形とした（図３）。ふれあいの庭（外部空間）を挟むので、ワークショップゾーンで大きな音を出しても、開架閲覧エリアへの影響は抑えられる。その一方、ふれあいの庭の仕切は、ほぼガラススクリーンであるため、両エリアからの見通しは効いている。

貸出管理ゲートは、エントランスホールから開架閲覧エリアに入るところにある。よって、展示スペースともなるエントランスホールおよびワー

図4　見通しもよく、行き止まり感もない回遊性に配慮した一般開架

クショップゾーンは管理区域外となり、図書館閉館後の単独利用などが可能となる。

この基本形のもとで、ふれあいの庭を横断し、二つのエリアをつなぐガラス張りの渡り廊下を二本設け、〝回遊性〟を持たせた。そして、渡り廊下の入口や近傍のガラス扉を開閉することで、視聴覚ホール、工作室、第一会議室の三室を、ワークショップゾーンから開架閲覧エリアにかけて一体的に捉えることができるようにした。逆に開架閲覧エリアにある幼児のためのプレイルームを、ワークショップゾーン側から使えるようにもした。

また、二階の大会議室、ＩＴ講習室などは、常時管理区域内の開架閲覧エリアの一部として、夏休みの時などには学習室への転用もしやすくなっている。

(2) 開架閲覧エリア内も回遊性を持たせる

開架閲覧エリアも〝回遊性〟を重視している。なぜなら、前方が行き止まりになっていると、利用者は図書館の奥まで入って行きづらくなるからである。また人の動線が二方向に開けてい

図5　大人も入りやすいじどう開架

る空間は閉塞感を減らし、いたずら心を抑制する効果も期待できるからである（図4）。

開架閲覧エリア内の一般開架とじどう開架の関係性においても、入口側は共有エリアを介してつながっているが、奥は独立させる事例が多い。その方が落ち着いた雰囲気を保ちやすい。しかし、大人単身ではじどう開架に入りづらくなり、また子どもも一般開架に対して心理的なバリアを感じやすくなるなどの弊害も出やすい。

そこで、じどう開架の奥を開き、通り抜けて一般開架の奥へとつながる構成とした。書架の配置とループ動線のルートを工夫することで、落ち着きを保ちつつ、子どもばかりでなく保護者も一般書を借りて、またじどう開架に戻りやすくなった。絵本や児童書を探したい大人が単身の場合でも入りやすい雰囲気が増した（図5）。

2．基本計画時の市民ワークショップに参加して

筆者が初めて日進市を訪れたのは、二〇〇四年二月一五日のことであった。市と財団法人

日本高度映像情報センター（当時）が、新図書館の基本計画を策定する業務の一環として開催した公開意見交換会を見学するためだった。この時、ファシリテータを山梨県の山中湖情報創造館の指定管理者でもある、NPO法人地域資料デジタル化研究会理事長の小林是綱《ぜこう》氏が務めるとの情報を得て、ワークショップの盛り上げ方や市民の意見の引き出し方を学びたいと強く願った。

「日進市のよいところ、現在の図書館のよいところ」などを共通テーマに、一〇時から小学生、一三時から中学・高校生、そして一五時から一般という三ブロックに分かれ、一ブロック九〇分で進められた。

小学生のブロックでは、部屋の入口付近で自由に動き回れるように、こっそり聴くつもりであったが、参加者が少なかったため当てが外れた。しかし、その中に小林氏も驚くスーパー二年生の男児がいた。彼は親が買い物中に、図書館で幼稚園児の弟の面倒を見ながら、自分の好きな本を読んだり、借りたりするヘビーユーザーであった。「なぜ学校図書館より公共図書館に期待するか」「(女の子と近すぎると恥ずかしがる男児が多いので)お話し室は今より広い方がいい」など、経験に裏打ちされた意見が次から次へと飛び出し、小林氏をして「今すぐ図書館長になれる！」と言わしめるほどであった。

次の中学・高校生のブロックの参加者は二〇名ほどであった。筆者がお父さん世代としてうれしく思ったのは、男子生徒が本当に真剣なまなざしで意見交換していたことだ。たとえば、「図書館で楽譜を借り、ワークショップゾーンで音楽の練習をしたい。ここならば大人の上級者とも出会えてコラボできるのではないか」「パソコンの操作に詳しいので、高齢者に蔵書検索の仕方を教えるなどして何か役に立ちたい」など、終盤に近づくにつれ他世代や社会を意識した意見が多くなり頼もしさを感じた。最後の大人たちのブロックでも「子育て世代が過ごしやすいように」「一人の時に落ち着ける場所と、家族や友人と来た時に会話できる場所と両方あるとよい」など活発に意見が飛び交ったが、とにかく日進市は「子どもが元気、子どもを大切にしている」という印象を強烈に受けた一日となった。

後に、設計プロポーザルで設計者が公募されることになり、筆者が共同代表を務める岡田新一設計事務所が最優秀に選ばれた。その際、「特に児童コーナーの提案は、他を大きく引き離しており、学校からの図書館利用、学級利用に関しての提案も評価されるものでした」との審査講評をいただいた。(2) それは、あの日の市民の声、特に小学生の意見が引き出してくれた成果と受け止めている。

3．市民ワークショップに対する行政担当者の考え

今日、施設の基本計画、基本設計や実施計画の過程で、市民ワークショップを行うことはよく見られるようになった。しかし、二〇〇〇年代前半では、まだ市民参加の条例もなく、全国各地で進め方の試行錯誤が続いていた。そうした状況下で、日進市立図書館の市民ワークショップを主導したのは桃原勇二氏であった。桃原氏は当時、新図書館準備室に所属する建築担当者で

あり、筆者と同じ一級建築士でもあった。業務を推進する実務担当者として、当時どのような想いで市民と向き合い、多様な市民の意見をどのように集約しようと考えていたのだろうか。

桃原氏は、図書館建設の前に、市民ワークショップや各種団体へのヒアリングを行っている他市の事例調査を通して、発注者である行政内部の意見や、実際に施設を利用する市民の希望を、設計者に示すべき条件として具体的にまとめきれていない例もあると感じていた。その結果、運営にムリが生じたり、投資・利用・運営間においてアンバランスな部分が残ったりして、改善すべき課題があると認識していた。さらに、桃原氏は、設計者に対価を支払っているのだからすべて一任するという姿勢もよくないと考えていた。素人だからとか、経験がないからは言い訳にすぎず、発注者である行政が決定権（責任）を持つことが、よい結果を確実に導くという考え方であった。

そこで、市民の意見を「見える化」したうえで設計者に対し的確で漏れのない希望や条件を伝えること、それを受けて具体化される設計案を市民とともに検証するなど工夫しながら、相互理解を導いた。

4．設計段階における市民ワークショップ(3)

基本設計段階の後半、新図書館準備室は、建築の基本構成の合意形成を図るため、公募二三名の市民との対話による連続ワークショップを毎週開催した。具体的には、「日進市新図書館

表1　日進市新図書館設計検討会の内容

回数	日にち	プログラムタイトル
第1回	10月1日	「図書館滞在シミュレーション」
第2回	10月8日	「ワークショップゾーンでのイベントを企画しよう」
第3回	10月15日	「ヤングアダルトコーナーについて考えよう」
第4回	10月22日	「検討会設計確認カルテを作成しよう」
第5回	10月30日	「設計確認カルテ発表会＋第三回基本設計公開プレゼンテーション」

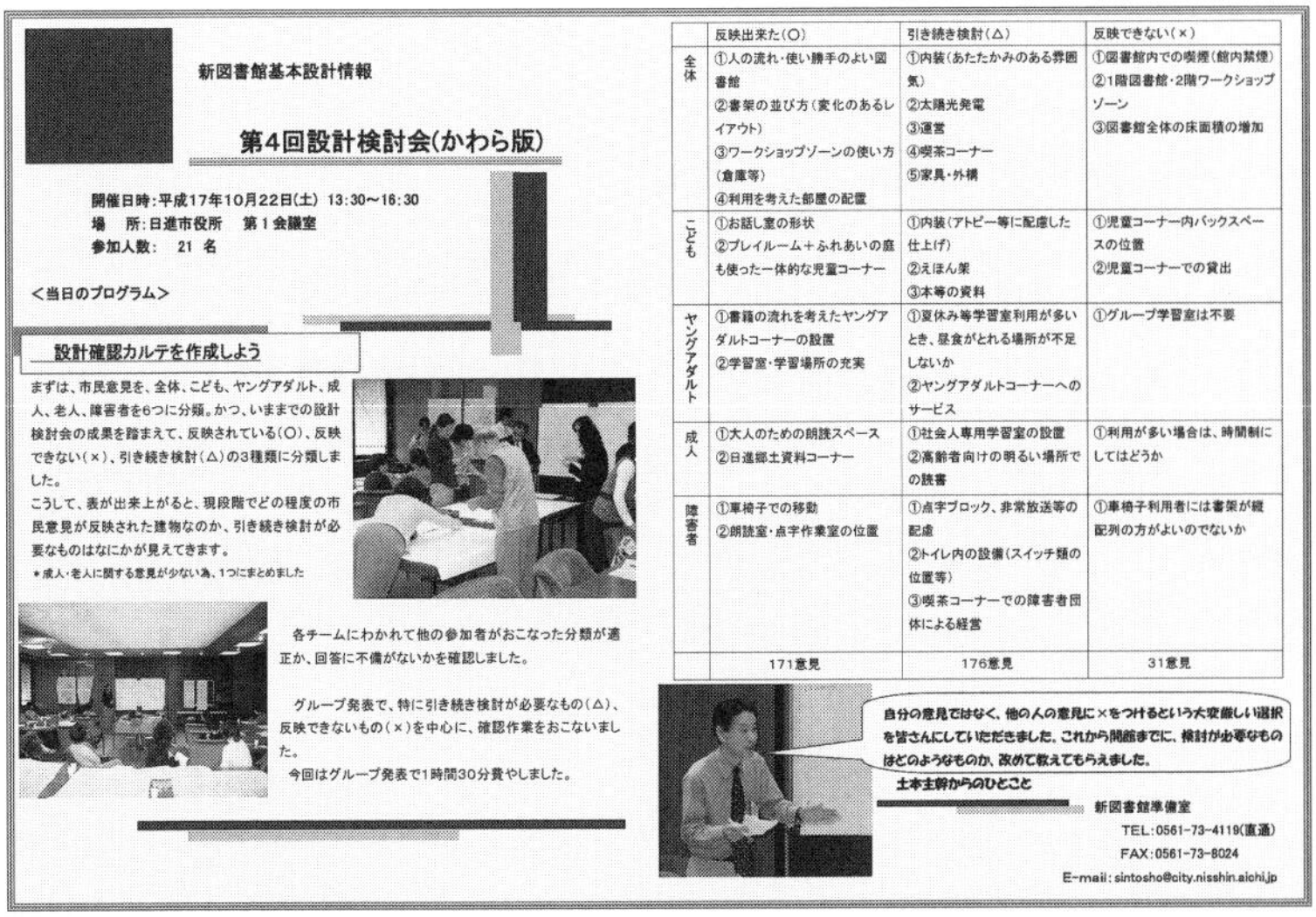
新図書館基本設計情報

第4回設計検討会(かわら版)

開催日時:平成17年10月22日(土) 13:30〜16:30
場　所:日進市役所　第１会議室
参加人数:　21 名

<当日のプログラム>

設計確認カルテを作成しよう

まずは、市民意見を、全体、こども、ヤングアダルト、成人、老人、障害者を6つに分類。かつ、いままでの設計検討会の成果を踏まえて、反映されている(○)、反映できない(×)、引き続き検討(△)の3種類に分類しました。

こうして、表が出来上がると、現段階でどの程度の市民意見が反映された建物なのか、引き続き検討が必要なものはなにかが見えてきます。
＊成人・老人に関する意見が少ない為、1つにまとめました

各チームにわかれて他の参加者がおこなった分類が適正か、回答に不備がないかを確認しました。


グループ発表で、特に引き続き検討が必要なもの(△)、反映できないもの(×)を中心に、確認作業をおこないました。

今回はグループ発表で1時間30分費やしました。

	反映出来た(○)	引き続き検討(△)	反映できない(×)
全体	①人の流れ・使い勝手のよい図書館 ②書架の並び方(変化のあるレイアウト) ③ワークショップゾーンの使い方(倉庫等) ④利用を考えた部屋の配置	①内装(あたたかみのある雰囲気) ②太陽光発電 ③運営 ④喫茶コーナー ⑤家具・外構	①図書館内での喫煙(館内禁煙) ②1階図書館・2階ワークショップゾーン ③図書館全体の床面積の増加
こども	①お話し室の形状 ②プレイルーム＋ふれあいの庭も使った一体的な児童コーナー	①内装(アトピー等に配慮した仕上げ) ②えほん架 ③本等の資料	①児童コーナー内バックスペースの位置 ②児童コーナーでの貸出
ヤングアダルト	①書籍の流れを考えたヤングアダルトコーナーの設置 ②学習室・学習場所の充実	①夏休み等学習室利用が多いとき、昼食がとれる場所が不足しないか ②ヤングアダルトコーナーへのサービス	①グループ学習室は不要
成人	①大人のための朗読スペース ②日進郷土資料コーナー	①社会人専用学習室の設置 ②高齢者向けの明るい場所での読書	①利用が多い場合は、時間制にしてはどうか
障害者	①車椅子での移動 ②朗読室・点字作業室の位置	①点字ブロック、非常放送等の配慮 ②トイレ内の設備(スイッチ類の位置等) ③喫茶コーナーでの障害者団体による経営	①車椅子利用者には書架が縦配列の方がよいのでないか
	171意見	176意見	31意見

自分の意見ではなく、他の人の意見に×をつけるという大変厳しい選択を皆さんにしていただきました。これから開館までに、検討が必要なものはどのようなものか、改めて教えてもらえました。

土本主幹からのひとこと

新図書館準備室
TEL:0561-73-4119(直通)
FAX:0561-73-8024
E-mail: sintosho@city.nisshin.aichi.jp

図6　かわら版(第4回)
(出所)「日進市新図書館設計検討会記録・設計確認カルテ成果物」日進市立図書館, 2005年 http://www.city.nisshin.aichi.jp/~sintosho/sekkeikenntoukai/sankabosyu.htm(最終アクセス：2021年4月7日)

設計検討会」（以下設計検討会）として、二〇〇五年一〇月一日から一〇月三〇日まで計五回開催された（表1）。

その開催に先立ち、同年九月一七日に一般市民を対象とした「第二回基本設計公開プレゼンテーション＋かたろう会」が開かれた。この会に、設計検討会に参加が決まっている市民はほぼ全員出席し、大勢の市民の意見に熱心に耳を傾けた。そのうえで、設計検討会において毎回熱い議論を繰り広げるという流れを桃原氏は導いたのだった。

設計検討会の目的は、市民から寄せられていた多様な意見を取捨選択し、それらの取りまとめを行うことであった。そのため、その時点の最新設計案を全員で自分事として吟味することから始めた。以下ではワークショップの内容を順に振り返ってみる。なお、市民への報告のため、毎回のワークショップ開催後に、A3版の「かわら版」が日進市ホームページに掲載された（図6）。

（1）第一回「図書館滞在シミュレーション」

最初に、参加者は隣の人と図書館の利用状況や好きな本を述べ合い、全員に対しそれぞれ隣の人を紹介し合うことで打ち解けた。

次に、行政側から建築コンサルタントとして委託されていた椙山女学園大学の戸部栄一教授（専門は建築計画）と、設計者である筆者とで設計の進捗状況と概要を説明した。

そのうえで、床に五〇分の一の大型平面図を広げて、参加者一人ひとりが「この図書館でどのように過ごしたいか」を、先端に人形が付いた指示棒を使って指し示しながら、実際に歩き回って説明した。そして「あると便利なもの」「不要なもの」を書いた付箋を、図面上のその場所に貼っていった（図7）。

　随所に貼られたコメントは、どれも利用者ならではの着眼に基づくものであった。たとえば、「エントランスホールに待ち合わせのためのベンチがあれば便利」「携帯電話が掛かってきた時にすぐに駆け込める場所があれば便利」などで、それらを検討し図面に反映させて、次の回に確認し合うことにした（図8・図9）。

図7　指示棒を使って図面を説明

図8　対話・グループ作業

図9　グループ発表の様子

(2) 第二回「ワークショップゾーンでのイベントを企画しよう」

まず、前回の振り返りを行い、設計者からシミュレーションに基づく内容の確認と、設計へ反映した事項の報告がなされた。

次に、ミニ講座として土本氏が、多くの公立図書館で採用されている「日本十進分類法」を解説した。

その後、二班に分かれて、ワークショップゾーンでのイベントを企画した。二八件の提案があった。たとえば、「布絵本をつくろう」「環境紙芝居づくり」などで、それぞれ開催の流れに沿って必要とされる広さや備品を検討した。また、「自分史の文学性（ふだん記と自分史）――講演会と書籍展示」など、ワークショップゾーンだけでなく図書館の開架閲覧エリアも使う企画や、「みんなでうたおうワイワイコンサート図書館まるごと探検あそび」など、図書館の休館日を想定した企画もあった。

(3) 第三回「ヤングアダルトコーナーについて考えよう」

土本氏によるミニ講座のテーマは、「レファレンスとは」であった。次に、筆者が利用者と図書館職員のお互いの緊張を和らげる「レファレンスデスク」の形状検討について、続けてヤングアダルト（おおむね一二歳から一八歳までの利用者）サービスのための場について参考事例を紹介した。

その後、ワークショップでは、三班に分かれてヤングアダルトコーナーについて話し合った。

通常、図書館職員の間でもヤングアダルトに対するサービスのあり方には、さまざまな考え方がある。話し合いでは、ヤングアダルト向け図書を排架する位置について、「じどう開架との連続性を重視する考え方」が、「大人への移行期にある子どもたちに対して、視聴覚資料など馴染みやすい分野を橋渡ししとしながら、一般開架との連続性を重視する考え方」を上回っていた。いずれにしても、本離れしやすい世代に対して、積極的にサービスを展開すべきという点では一致していた。

実は、行政側と設計者との打ち合わせでは、「後者」の考え方に基づく設計に傾いていたが、別のヒアリングでも子育て経験を持つ母親を中心に、「前者」の考え方を望む意見が強かった。そのため、最終の設計では、ヤングアダルトコーナーをじどう開架に連続させる位置としつつ、一般書架にもつながりを持たせる配置とした。

開館後の開架閲覧エリアの利用方法を観察すると、中学・高校生はヤングアダルトコーナーにとどまっているわけではなく、館内全域をその時々の目的や、一人あるいは友だちと一緒の時などの状況に応じて使い分けている。他方、ヤングアダルトコーナーは、蔵書が年々充実してきていることもあり、中学・高校生に加えて小学生から大人までの多世代が、読みやすい本を求めて立ち寄る姿も見受けられる。

中学・高校生のみを利用対象として、限定的にヤングアダルトコーナーを捉えることは避け、フロアの回遊性を重視した開架閲覧エリアの一部に組み入れたことで、利用に際しての心理的障壁を下げる効果につながったと考えられる。その結果、情報入手や居場所を求めるといった利用者の多様なニーズに対応しやすくなった。これも、設計期間を通して何度も意見交換を行い、交わされた意見を尊重してきた成果であると言えよう。

(4) 第四回「検討会設計確認カルテを作成しよう」

この回では、これまでパブリックコメントなどさまざまなルートで集められた市民の意見に、設計検討会で交わされた意見も加えて整理し、「設計確認カルテ」を作成した。

まず、市民の意見を、①全体、②子ども、③ヤングアダルト、④成人、⑤高齢者、⑥障がい者にかかわることの六つに分類した。それらを各班で分担し、すでに設計に反映済（○）、引き続き検討すべき（△）、反映する必要はなし（×）の三種類に区分けした。特に（△）と（×）については全員で最終確認の作業も行った。分類の結果は（○）一七一件、（△）一七六件、（×）三一件であった。

ちなみに、（×）の例としては、床面積を増やす、館内に喫煙場所を設ける、利用が多い時には時間制を導入するなどがあった。（△）の例は、内装に関する意見が多かった。具体的には、温かみのある雰囲気が欲しいとか、アレルギー体質の利用者に配慮した建材を使って欲しいなどで、利用者が増える夏休みなどに昼食をとれる場所が不足しないかといった使い方の意見も含めて、実施設計を通して検討を継続していくことにした。

（5）第五回「設計確認カルテ発表会」と第三回基本設計公開プレゼンテーション

最終回にあたる五回目は、参加した市民の整理した「設計確認カルテ」を、ワークショップに参加していない市民に説明し、合意形成を図る「市民による市民のための会」となった。司会進行も参加者自身が行った。設計図は設計検討会の成果を反映したものを使い、三回目の「基本設計公開プレゼンテーション」として提起した。込み入った質疑や新たな意見も出されたが、会場を埋める市民の賛同はほぼ得られたようだった。

一連のワークショップを通して、自分自身の意見も盛り込まれたこともあり、参加者の図書館への愛着は相当高まったものと思われる。そのことを強く感じたのは、開館後、訪れるたびに必ずどなたかに会い「今日は何しに来たね？」と笑顔で声を掛けてもらえたからで、参加者の多くが自分を活かせる日常の居場所にしていることを物語っていた。

（6）市民ニーズをとりまとめる、「ジョブカルテ」の有効性

桃原氏が特に評価した設計ツールに「ジョブカルテ」がある。これは岡田新一設計事務所が、創立以来実行している設計手法の一つだ。設計内容の合意形成を図るうえで、図面だけでは把握できない項目を網羅的に整理し、発注者の満足度を向上させることを目的としたものである。たとえば、ある部屋に洗面台があったとして、給水だけでなく給湯も必要か、照明は調光できた方がいいかなど、発注者自身、問われるまで意識していないことが多い細かな使い勝手や条件（以下与条件）まで、詳細に把握できる。

具体的には、すべての部屋ごとに、原則A４版で一枚のカルテを作成する。一覧表形式のカルテの表頭は「与条件」「設計条件」に二分する。表側は①一般、②建築、③電気設備、④機械設備（空調、給排水等）、⑤造り付け家具、⑥備品、⑦その他に分けられる。部屋ごとの発注者（市民）ニーズを、①から⑦までの「与条件」欄に整理し記入することで全貌を把握できる。「設計条件」欄には、「与条件」に記したままに設計できる場合は（↓○）を記入し、予算や法的条件などでその通りにできない場合は、実際に設計する内容を記入し、発注者に確認する。法的条件、敷地条件、運営方針など全体にかかわることは別シートにまとめる。地道な作業ではあるが、確実に検討や実施すべきことの漏れを防げる。

設計検討会でまとめられた「設計確認カルテ」は、市民の意見として何が問題提起されたのか、そしてそれらを反映すべきか否かを知るうえで重要な記録となる。ただし、そのままでは網羅性に欠けてしまう。そこで「ジョブカルテ」の適切な欄（場合により複数個所）に落とし込み、合体させることで「与条件」が総合的に把握でき、設計に漏れなく反映できる。

また、「ジョブカルテ」は開館して時間が経ち、担当者が異動した後でも、当時どのような条件や経緯で図書館をつくり上げたのかを把握できるため、貴重な設計資料の一つとなる。

(7) 設計段階に行った、そのほかの市民ワークショップ

設計期間は二〇〇五年四月から翌年三月までの一年間であった。市民ワークショップとしては、前述の設計検討会のほか、複数回にわたる基本設計公開プレゼンテーション、専門家を招

いたシンポジウムや、外構・植栽設計検討会、家具設計検討会などを開催した。

また、並行して図書館ボランティア、すてきな図書館をつくる会、身体障がい者の各種団体などのメンバー、さらに司書教諭及び学校図書館臨時職員などとの意見交換会を繰り返し行った。ヒアリングやアンケートも、音訳ボランティア「声の飛行船」、点字クラブ「ポツポツ」や、日進市身体障害者福祉協会の役員、さらに中学・高校生に対して実施した。

また、別敷地でサービスを継続していた当時の市立図書館では、ボランティアや公募市民を集めて、図書館職員とともに選書作業を体験する「選書ツアー」など、市民に図書館への理解を深めてもらう試みを積極的に行っていた。

5．建設段階の市民ワークショップ

建設途中にワークショップを開催する目的は、完成を心待ちにする市民に進捗を報告するためである。それによって、完成までの期待感を持続させることができ、市民の間に話題を提供することも可能となる。そのため、市民ワークショップを次項に示した各テーマのもとに二回実施した。また、純粋に子どもたちに、建築ができる過程を紹介したいとの思いもあった。

（1）第一回「縄張りを歩いて、大きさを実感しよう」（二〇〇七年一月一九日）

工事に先立ち、これからつくる建築の外形線がわかるようにロープを張り、図面通りに位

図10　ワークショップで建設予定地を歩く

置決めできているか、周囲との関係に問題はないかなどを確認し合った。この「縄張り」検査に、設計検討会の参加者を中心とする市民も立ち会った（図10）。

大きな図面でシミュレーションをしているとはいえ、実際の大きさを眼のあたりにし、その広さに改めて歓声を上げる人もいた。いよいよ工事が始まるのだという喜びをみんなで分かち合った。

（2）第二回「働く車に乗ってみよう」（二〇〇七年六月一日）

地階のない建築でも、鉄筋コンクリート造の地中梁や基礎は必要なので、二m以上土を掘ることになる。掘削用の油圧ショベルなど「働く車」が残っている段階で実施した。

まずは工事現場の会議室で、土本氏が子どもたちを対象に「働く車」の紙芝居を上演した。次に設計事務所が、完成予想の建築模型を二〇〇倍にすると実際の大きさになることを、模型の中のスーパーマリオの人形と、それを二〇〇倍に引き伸ばした人間サイズの絵とを比較しな

図11　ワークショップで「働く車」に試乗する子ども

がら説明した。

その後、現場に出て鉄筋を大量に運ぶクレーンや、油圧ショベルが実際に土を掘る様子を見た。さらに、子どもたちは停止中の「働く車」の運転席に座って操縦桿を握ってみたり、鉄筋工の親方に、鉄筋を等間隔で縦横に並べてずれないように交点を鉄線で留め付ける「結束」の仕方を教えてもらったりして、現場での体験を楽しんだ。

「働く車」に乗ってみるチャンスは大人でもめったにないので、保護者の方が興奮してしまう姿は、毎回見られる微笑ましい光景でもある（図11）。

6．バリアフリーとユニバーサルデザインをめざすワークショップ

障がいを持つ市民とのワークショップも、設計から建設中にかけて繰り返し開催した。土本氏と桃原氏は、車いすの利用者や視覚障がい者に加え、聴覚障がいや知的障がいがある方、杖

を利用している方など、さまざまな配慮を要する市民との対話を重視した。

たとえば、盲導犬を連れている方は、リードを掛けるフックがトイレやグループ学習室にあれば助かると発言しつつ、壁から突起していると他の人の邪魔になるのではと心配もされていた。その思いを踏まえ、お椀状に凹んだ金物にフックを取り付け、壁面からは突起しないように配慮した（図12）。

また、杖を手離せない方から、書架の近くに杖を立て掛けられる装置があるとうれしいとの声が挙がったが、そこから探したい棚までどう行き来するのかとのやりとりから、どの棚の横にも杖を立て掛けられるように、幅九〇cmごとの書架の隙間すべてにフックを取り付けること

図12　盲導犬のリード掛フック

図13　書架に付けられた杖立

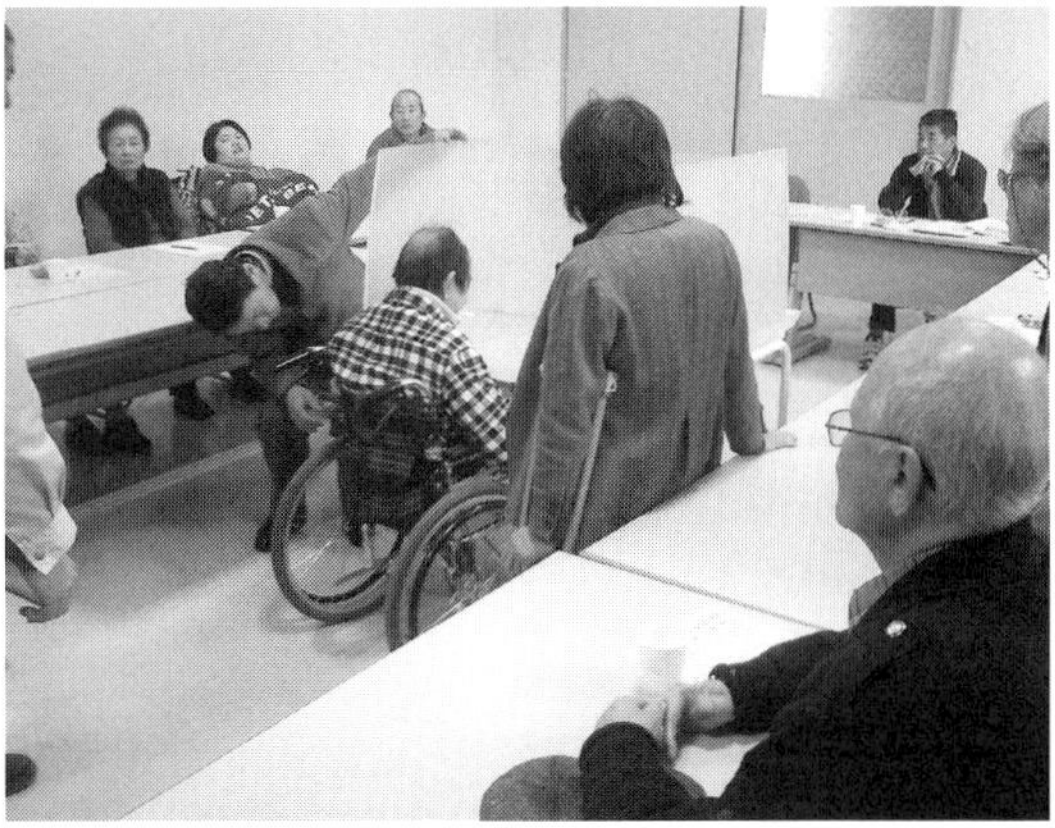

図14　障がい者ワークショップで家具の試作品をチェックする参加者

で応えた（図13）。

建設段階に入って、図書館に置かれる家具を工場で製作する前に行った試作品の検査の時にも、障がいを持つ市民に立ち会ってもらい、キャレルデスクの高さやスイッチの位置など、使い勝手を検証した（図14）。

このようなきめ細やかな検討を重ねた成果に対し、二〇一二年度「バリアフリー・ユニバーサルデザイン推進功労者 内閣府特命担当大臣表彰優良賞」が授与された。図書館が受賞したことは、これまでになく全国で唯一であるという。

7．開館後も続く市民ワークショップ――屋上緑化イベントの紹介

日進市立図書館では、基本計画から設計、建設段階に至る過程において、市民ワークショップが開かれ、適宜、市民の意見が取り入れられてきた。二〇〇八年一〇月に開館した後も、市

民を対象に図書館の資料や施設を活用したワークショップが行われている。

一例として、日進市の秋を堪能できるまつりの一つである「図書館まつり」の、二〇二〇年度の幕開けを飾った「屋上緑化イベント――調べて、植えて、育てよう――」を紹介しよう。このイベントは親子を対象に行われ、小学三年生までと、小学四年生から六年生を対象に二回開かれた。前者のイベントでは九組一八名の応募があった。一階にある工作室と第一会議室間のパーティションを開け放ち、当時、コロナ禍にあったため、家族ごとにソーシャルディスタンスを確保したうえでスタートした。

まずは進行役の図書館職員二名から、図書館を利用するための基礎知識として、本は書かれているテーマに基づき排架されていることや、本の背表紙に貼られたラベルの仕組み、コンピュータを使った蔵書の探し方などの説明があった。

次は、親子で「これから植える植物について調べる」時間だ。調査用紙の一問目は「パンジーは花が小さいと〇〇と呼ぶ。〇〇に入る答えは？」。そのあとハボタン、リシマキアヌンムラリアオーレア、リュウノヒゲについての質問が続く。「それでは、本を探しに行きましょう！」と一斉に開架閲覧エリアに移動。それぞれ使えそうな本を見つけて部屋に戻り、親子で調べて回答を記入していく。簡単そうに見えても、本で調べないと正確な回答がわからない質問となっているのがミソのようだ（図15・図16）。

どんな植物が待っているのか調べ上げ、いよいよ秘密の階段（避難階段）を通って屋上へ。屋上といっても二階テラスで、館内からも楽しめる花壇に苗を植えていく。図書館で日頃活動

図15　じどう図書エリアで本を探す

図16　工作室に戻って調べる

図17　調べた花苗を屋上の花壇に植える

している市民グループの五名が植え方を指導した。いつも図書館内外の花の手入れをしているグループだけあって準備万端であった。途中、小雨に見舞われたがものともせず、大盛況のうちに終了した。お土産にスコップや花苗をいただき、「また参加したい！」との歓声をもって解散となった（図17）。

このイベントは、県の補助金「あいち森と緑づくり税」を財源とする「あいち森と緑づくり事業」を活用したもので、説明内容や資料の準備、花植えの段取りなど、用意周到さに感心するワークショップであった。

現館長の宇佐美香津美氏は、旧館から新館への過渡期を経て、一時期、他の部署に異動されたものの、二〇一九年度から現職として、市民目線で図書館サービスを充実させるため先頭に立っている。今回のイベントでも、静かに見守る姿勢にすべてを掌握している舞台監督のような安心感があり、今後の展開がとても楽しみと思わせてくれた。

おわりに

日進市は、二〇二〇年一〇月から翌年一月まで「子ども用本の購入クラウドファンディング」を実施した。子どもたちの読書活動をより一層推進することを目的としており、寄付を希望する人は、学校、保育園、児童クラブ、図書館など三四施設から寄付先を選択できた。

宇佐美館長は、こうした図書館に寄せられた善意に対し、一般予算とは違う視点による選書で応えようとした。具体的には、英語を始めとする多言語の絵本の選書である。その背景には、市内外にトヨタ自動車の関連企業が集積しており、外国人や帰国子女が多いという地域特性があった。また、利用者からはいろいろな国の本を読んでみたいというリクエストもあった。さらには多文化交流を進めている大学や国際交流協会などと連携して、たとえば外国人によるさまざまな言語で読み聞かせを実施したいとの想いもあるようだ。

二〇二〇年度、図書館ではコロナ禍により中学生の職場体験を開催できなかったが、見直しのよい時期と捉え、排架やカウンター業務だけでなく、緑化イベントのような企画やメンテナンスを含めた図書館の管理運営に関する体験も提供していきたいと考えているという。

本や情報を通した学びの深化を求める市民の期待に応えようとする、日進市立図書館の今後の展開に期待したい。

引用・参考文献

（1）「日進市立図書館――岡田新一設計事務所」『新建築』八四巻三号、二〇〇九年、一六二―一六九頁、「日進市立図書館――設計 岡田新一設計事務所」『近代建築』六三巻四号、二〇〇九年、五四―五八頁

（2）「日進市新図書館建設設計プロポーザル審査講評」日進市立図書館、二〇〇五年 http://www.city.nisshin.aichi.jp/~sintosho/puropo/sinsakouhyou2.pdf（最終アクセス：二〇一一年四月七日）

（3）「日進市新図書館設計検討会記録・設計確認カルテ成果物」日進市立図書館、二〇〇五年 www.city.nisshin.aichi.jp/~sintosho/sekkeikenntoukai/sankabosyu.htm（最終アクセス：二〇一一年四月七日）

第Ⅱ部　施設計画・管理運営の側面から捉えた事例

〈第5章〉

市民参加と協働が育てた伊万里市民図書館

古瀬義孝（元伊万里市民図書館館長）

はじめに

九州西北部の旧産炭地帯に位置する佐賀県伊万里市は、一九五四年に周辺の町村との合併により市となった。当時の人口は八万一六二五人（一九五五年 国勢調査）であったが、現在では五万五二三八人（二〇一五年 国勢調査）と減少し過疎地域となっている。市のキャッチフレーズは「焼き物とフルーツの里」で、伊万里牛でも知られている。

図書館の設置は佐賀県内で二番目と早かった。一九二八年、昭和天皇の御大典記念として実科高等女学校の校舎を利用して三〇〇㎡の広さで開設された。当初は坂本満次郎町長が館長を兼ね、町長退任後、一七年間館長を務めた。一九六〇年には、巡回文庫で市内二四か所に本を配本して回るなど、移動図書館の先駆けとなる活動を活発に行っていた。館内に貼られた標語があり、当時の様子がわかる（図1）。

一九六七年に未曾有の大水害で図書館も被災し、三年後に新築された中央公民館の二階に移転した。しかし、施設の広さが二一六㎡と以前より狭くなり、職員も館長以下わずか三名という小規模であったことから、市民の関心も低かった。市の面積が二五四㎢と大変広かったので、市内約五〇か所に「一坪図書館」を置くなど、工夫を凝らした活動を展開していた。

当時は市内一六地区の小学校に「母と子の読書会」があり、その活動の中から「新しい図書館がほしい」とささやかな声があがり始めていた。

一、真の文化は、図書館を背景とする
二、目覚めざる者は、図書館を解せず
三、一日読まざれば、一日遅れる
四、無知は、読まざる報いなり
五、一日一頁あなどりがたし
昭和五年　初代館長　坂本満次郎

図1　図書館内の標語

こうした声を受け止めて、一九八〇年代に入ると、新たな図書館建設に向けて大きな動きが起こった。具体的には、図書館建設にあたり市民が参加することで主体的にかかわり、また図書館開館後も市民と図書館とが協働することで、図書館活動を支援してきたことが挙げられる。ここでは、そうした軌跡を記すことにしたい。

1．開館までの道のり

(1)「図書館づくりをすすめる会」の誕生

一九八六年に「図書館づくりをすすめる会」（以下「すすめる会」）が発足した。当初は図書館について学ぶために菅原峻『これからの図書館』（晶文社、一九八四年）を輪読することなどから取り組んだ。さらに広く市民に呼び掛けて、他の図書館の見学会や講演会などを開いたり、隣町から個人が所有する移動図書館車を借りて展示したりして、市民の意識啓発に努めてきた。

一九八九年、「すすめる会」の総会での決定により、図書館建設の要望書を市へ提出したことを受け調査費が予算化された。しかし、その後建設候補地が定まらず、文化と福祉の拠点である市民センターの建設が先行し、スペースの関係で図書館の建設は見送られてしまった。

一九九〇年に市長選挙があり、「すすめる会」が公開質問状を市長候補者へ送り、図書館建設を公約に掲げた現職の竹内通教《みちのり》市長が六選を果たした。それを受け建設調査委員会が発足し、本格的に図書館建設に向けた動きが始まった。

同年九月に建設予定地が中心市街地に近い伊万里中学校横の「歴史文化ゾーン」内に決定した。用地約七七〇〇㎡の買収は、当時、生涯学習課文化係長だった筆者が担当した。次に、図書館基本計画を図書館計画施設研究所（代表・菅原峻）に委託して策定した。実は最初、日本図書館協会に計画作成を依頼したが、当時、建設が予定されていた図書館が年間で一〇〇館ほどあり、図書館計画の専門家を紹介されたのだった。これが図書館の伝道師といわれた菅原峻氏との幸運な出会いとなった。基本計画に従い、建設の前に一台目の移動図書館車が一九九一年から巡回し、市民公募により名前は「ぶっくん」となった。

一九九一年七月、図書館長に朝日新聞社ＯＢの森田一雄が就任した。彼は前年に市の文化振興特別顧問として、生涯学習の旗印に「伊万里学」を提唱した。この担当も筆者がしていた。郷土学の嚆矢は、民俗学者の伊波普猷《いはふゆう》の沖縄学に始まるが、伊万里学はふるさとを学び直し、美しき生活者として自立した市民を育て、まちの将来を考えることをテーマとしており、二一世紀のまちづくりの文化戦略と謳われた。

伊万里学の推進により、各地区では学習活動である伊万里塾が開かれ、テーマソングとしてご両親が郷土出身の詩人である犬塚堯氏により、八章からなる伊万里賛歌がつくられた。この賛歌は、後に新図書館の壁面に三〇m長の陶板で掲げられた。生涯学習の拠点としての図書館建設は、伊万里学のもとに、市民協働を旗印として動き出すことになった。補足すると、当時の状況は、地方の時代が叫ばれ、ふるさと学として、一九七九年に生涯学習都市を宣言した静岡県掛川市の「掛川学」が全国で先行していた。

同年一一月、第一回図書館建設懇話会（以下「懇話会」）を市民代表二〇名で開催した。市民の要望で第二回は、福岡県苅田町や筑紫野市の図書館を視察することになった。特に、苅田町立図書館の視察は、参加した市民に「あんな図書館が欲しい」と恋煩いのような強烈な印象を与えた。

（2）図書館建設準備室の設置

一九九二年四月、図書館内に建設準備室が置かれ、筆者と部下一名が異動し、いよいよ本格的な建設に取り組むことになった。まずは建設の目標を「伊万里をつくり、市民とともに育つ、市民の図書館」とした。これは建設に向けて共通の旗印が必要との森田館長の提言を具現化したもので、開館時にこれまでの市立図書館を市民図書館へ名称変更することで結実した。

「懇話会」が市民中心で先行したため、庁内の相互理解を深めることを目的に関係部課長からなる図書館建設委員会を開き、先進図書館を視察した。しかし、三回目からは「懇話会」と合同で委員会を開催し、菅原氏を招いて基本計画の説明を行った。

当時はバブル崩壊の直後で、財政力の弱い地方自治体にとっては財源の確保が難題であった。しかし、起債の七割を国が補塡する「まちづくり特別対策事業」を利用することによって解決できた。

一九九三年一月にプロポーザル方式で、設計会社を山手総合計画研究所（代表・菅孝能）に決定した。設計者選びの決め手は、都市計画の手法で市民の意見を取り入れ、さまざまな活動の場を提供できるプランであったことだ。設計者の寺田芳朗氏は、苅田町立図書館の設計者でもあり、この後、菅原氏が図書館の視察を目的に主催した三度の「北欧図書館の旅」にも同行された。一九九四年は森田館長が、一九九六年はその後館長となった犬塚まゆみと筆者が一緒に参加した。当時のことは、図書館計画施設研究所編『白夜の国の図書館』（リブリオ出版、一九九六年）で報告している。また、参加者の中には、伊万里市民図書館の一年後に開館した佐賀市立図書館を設計した森田館長の子息である建築家の森田一哉氏や、布絵本の会代表の前山ノブ氏の顔もあった。ちなみに自前の旅費は六〇万円と高額であった。

一九九三年四月に二台目の移動図書館車「ぶっくん」を運行させた。準備のため新刊のブックカバー掛けが間に合わず、連日、夜遅くまで市民の応援を受けて、なんとか三〇〇〇冊の本を積載することができた。これがともに汗を流す市民協働の始まりとも言える。

設計者が決まり基本設計ができたので、実施設計に発注者側の意見を反映させるために設計協議を行うことになった。そこで同年五月、「懇話会」の開催と並行して設計協議が始まり、一年間で五回のグループヒヤリングを実施した。設計協議やヒヤリングが長期化したのは、設計者の「図書館づくりは市民と司書と設計者の格闘技である」という熱意があったからだ。この間、設計者は東京から一m四方の立体模型を運び込み、「これを皆さんの意見で充実させましょう」と提言した。これを受けて、二三もの意見や要望が出た。以下では一例を紹介し、合わせてその対応策も示す。

（布の絵本作成グループ）

・活動の拠点となる場所が欲しい。ミシンやアイロンをよく使うので、コンセントが必要だ。また、作品を保管する場所がないので困っている。

↓創作室を設置し、二個口コンセントを五個付設し、収納棚も設置して対応した。

（朗読ボランティア）

・録音や対面朗読の部屋が欲しい。障がい者と触れ合う喫茶室があったらいい。

↓完全防音の録音編集室を設置して対面朗読室と兼用とした。福祉喫茶スペースを玄関の入口近くに置いた。

（お話しボランティア）

・子どもたちがお話に集中できる部屋が欲しい。

↓司書の提案で、焼き物の里らしく登り窯の形を模し、設計者の工夫で天井に天の川や星座が明滅する夢いっぱいのお話の部屋を設置した。

（市内小・中学校）

・図書館の本を学校で利用したい。学校司書の研修の場が欲しい。

↓移動図書館車「ぶっくん」で、学校へ大量の本を貸し出し、学校司書の研修会も図書館で実施するようにした。

このほか、子ども開架室で音楽を聴きたいとの声にはグランドピアノを置き、家に書斎がないので書斎代わりの部屋が欲しいという意見には、伊万里学研究室を設けることで対応した。また、話し合いに参加した菅原氏からは、「高齢者に居場所のある図書館を」との助言を受け、すべての市民に対応した滞在型の図書館を目指し、至る所に座席を配置したことが特徴となった。

また、司書の意見で開架室に音楽を流すことになった。さらに、ブラウジングの途中で手にした本を座って読めるよう座席のある書架が提案され、オリジナルの木製書架が生まれた。

(3) 図書館づくり伊万里塾の開催

設計協議の始まった一九九三年六月から、私たちの求める図書館のあるべき姿を考えるため、「図書館づくり伊万里塾」(以下「伊万里塾」)を毎月開催し、総回数は八回に及んだ(表1)。講座の内容は、先進的な図書館や市民活動の事例、さらには図書館を成功させるために何が大切かなどについて学んだ。伊万里学では、「歩きながら考える、さらに考えたことを実行していくこと」や「失敗は成功の母であること」も学んだ。

ほとんどの市民が図書館を利用したことがない町で、巨額の税金を使って図書館を建てるため、市民が満足できるものにしなければならない。そこで前述したような建設の目標を立てておく必要があった。

子どもたちには学校図書館がある。しかし、大人になってさらに成長し、生涯学び続け、より豊かな人生を過ごすためには公共図書館が必要である。図書館について学ぶため、「伊万里塾」には、常時、四〇から五〇名が集まった。驚いたことに、北海道の登別の市民グループが参加されたこともあり、全国的に図書館への関心は広がっていることを感じた。

同年九月、第一五回九州・沖縄図書館づくりセミナーが福岡で開催され、二〇〇名を超える参加があった。市民参加の事例発表では、市民側は「すすめる会」の岡田政昭会長、中島公江副会長、盛泰子氏、行政側は森田館長、準備室長の筆者と設計者の寺田氏の六名が登壇した。この時、森田館長が「図書館は文化行政を行う船の帆であり、市民はその帆を膨らませる風である。」と市民との協働の話をされたことが印象に残っている。詳細は、盛氏ほか共著『図書

表1　図書館づくり伊万里塾の講座内容

回　数	開催日	講　座　名
第1回	1993年 6月26日	講演「図書館は必要なのか」 ・菅原峻氏(図書館計画施設研究所長)
第2回	7月24日	講演「学校図書館を考える」 ・加藤容子氏(岡山市中山小学校司書)
第3回	8月25日	講演「貸出日本一を記録するまで」 ・増田浩次氏(苅田町立図書館長)
第4回	9月14日	講演「今、学校図書館に新しい波が」 ・平湯文夫氏(長崎純心女子短期大学教授)
第5回	10月18日	「ぶっくん」シンポジウム
第6回	11月30日	「歩き始めよう学校図書館」 ・市内小中学校長図書館係代表
第7回	12月17日	講演「図書館の成長に市民は何ができるか」 ・中古賀葉子氏(諫早びぶりおの会)
第8回	1994年 2月18日	講演「変えるべきこと、変えるべからざること」 ・森田一雄(伊万里市立図書館長)

図2　ホールでぜんざいを振る舞う様子

館づくり運動実践記――三つの報告と新・図書館づくり運動論』（緑風出版、一九九七年）に記されている。なお、二人の幼な子を抱え子育て奮闘中だった盛氏は、その後、図書館を守ろうと市議会議員に出馬して当選を果たし、後年、議長として活躍した。

(4) 市民参加の起工式とめばえの日

「伊万里塾」が終了した一九九四年二月二六日、いよいよ待望の起工式となった。当日のお昼過ぎ、「すすめる会」の呼び掛けで「新図書館の敷地に集う会」が開かれ、隣接する中学校の生徒を含め二〇〇名の市民が集まった。白線の引かれただけの広い敷地を設計者が案内して歩き、その説明にみな熱心に聞き入った。そして、棟上げの時にまた見学会をしようということになった。寒気の中で赤ら顔になっている参加者全員に二〇〇杯のぜんざいが振舞われた（図2）。竹内市長がこの日を「図書館の日」にしようと提言し、以降、毎年二月は「図書館めばえの日」として市民が行う恒例行事となった。ホールでは、図書館の活動から生まれた市民コーラスグループ「いすの木」の合唱や「お話キャラバン」の読み語りなどが催され、今では三〇〇杯のぜんざいが提供されて利用者の人気行事となっている。

また、竣工前の真冬の工事現場で、作業従事者に感謝を込めて「豚汁会」が開かれ、工事関係者に、「こんな現場は初めてだ」と喜ばれたこともあった。

（5）アメリカの図書館での視察交流

一九九四年一〇月に中間見学会が開かれ、六〇名ほどの市民が参加した（図3）。工事途上の現場をヘルメット姿で市民が見学するなど前代未聞のことだったが、家主が市民と思えば道理でもある。

図3　ヘルメット姿での中間見学会

一一月、館長の提言を受け、ふるさと創生事業で始まった市の「グローバル人材派遣事業」を利用して、アメリカの西海岸へ視察交流団を派遣することになった。福祉部門と図書館で各五名、計一〇名の市民が公募に応じ、市の担当者二名が随行した。図書館部門は、サンリアンドロ、ブレマートン、シアトルの各図書館を訪ねた。一行の中の加茂優子氏が英語での絵本の読み語りを行って交流を深めた。詳細は、随行した司書の犬塚が、西日本新聞に『主婦が見たアメリカの図書館』として一〇回の連載記事（一九九五年一月一六日〜二月一〇日）を書き、評判となった。この交流でアメリカの図書館を支えるライブラリー・フレンドの大切さを再認識して、開館後の図書館友の会の活動につながっていくことになる。

⑹ 開館間際の市長選での逆風

一九九四年、開館一年前の市長選挙で、七期目を目前にした現職に多選批判が噴出し、図書館建設を箱もの行政だと批判した新市長が誕生した。そのため、前市長が三顧の礼で迎え入れた森田館長も辞職するという激震が走った。この時も「すすめる会」は二度目の公開質問状を市長候補者へ提出し、二つの問題について確認を求めた。一つは職員採用の問題である。新館では基本計画どおり一七名の職員配置を求めていた。だが、新市長は正規の職員採用はできないという。これまで既に二名の正規職員の司書を採用していたが、開館時はたった一名の採用に留まった。非常勤嘱託職員の制度は、一九九六年に国が通達したのが始まりで、当時はまだあまり広がっていなかった。これから真の図書館に育てていくためには、身分の保証された司書が業務を経験し、ノウハウを蓄積していく必要がある。そこで、経験年数を基準に五年未満を初級、一〇年までを中級、それ以上を上級司書として報酬にランクをつけ、非常勤職員ながらも育休や年休を認めて、勤務成績により六〇歳まで働ける制度をつくった。市長も正規の常勤職員の採用でなければいいと認め、非常勤の司書八名を採用できた。さらに、今後のことも考えて、いつでも正規の司書に変えられるよう臨時職員を三名採用した。

二〇一〇年に日本図書館協会で「認定司書」が制度化され、司書の仕事の重要性が正式に認知されることになった。伊万里から県内初の認定司書が非常勤職員の中から生まれた。なお、二〇二〇年現在、全国で一七五名の認定司書が誕生している。

もう一つは、資料費の問題である。そこで開館時に図書館次長だった筆者が図書購入予算を削減しないことを新市長と直接交渉し、その後、八年間は年間三〇〇〇万円の予算を確保することができた。嬉しいことに開館当初は、市内の企業二社から、合わせて一〇〇〇万円の寄付があった。

2．開館後の状況

(1) 新館オープンと図書館フレンズいまりの誕生

一九九五年三月に新館が竣工した。一日も早くオープンしたかったが、大量の本の引っ越し作業が課題であった。近くの小学校の空き教室に山積みされた本が入った段ボールを図書館へ運び込み、整理するにはどうしても人手が足りない。そこで、春休みに図書館側と「すすめる会」が市民に呼び掛けて、小・中・高校生を含めた二〇〇名のボランティアを募り、楽しみながら本を書架へ並べる作業に汗を流した。そのため竣工からわずか三か月という短期間で開館へこぎつけることができた。

こうして、新図書館（配置図は図4参照）は一九九五年の七夕の七月七日に開館した（図5）。この日は、市民と新図書館が初めて出会う日となった。行政側からは市長、教育長などのほか、市民の代表として「すすめる会」の中島公江副会長と児童・生徒代表の七名がテープカットを

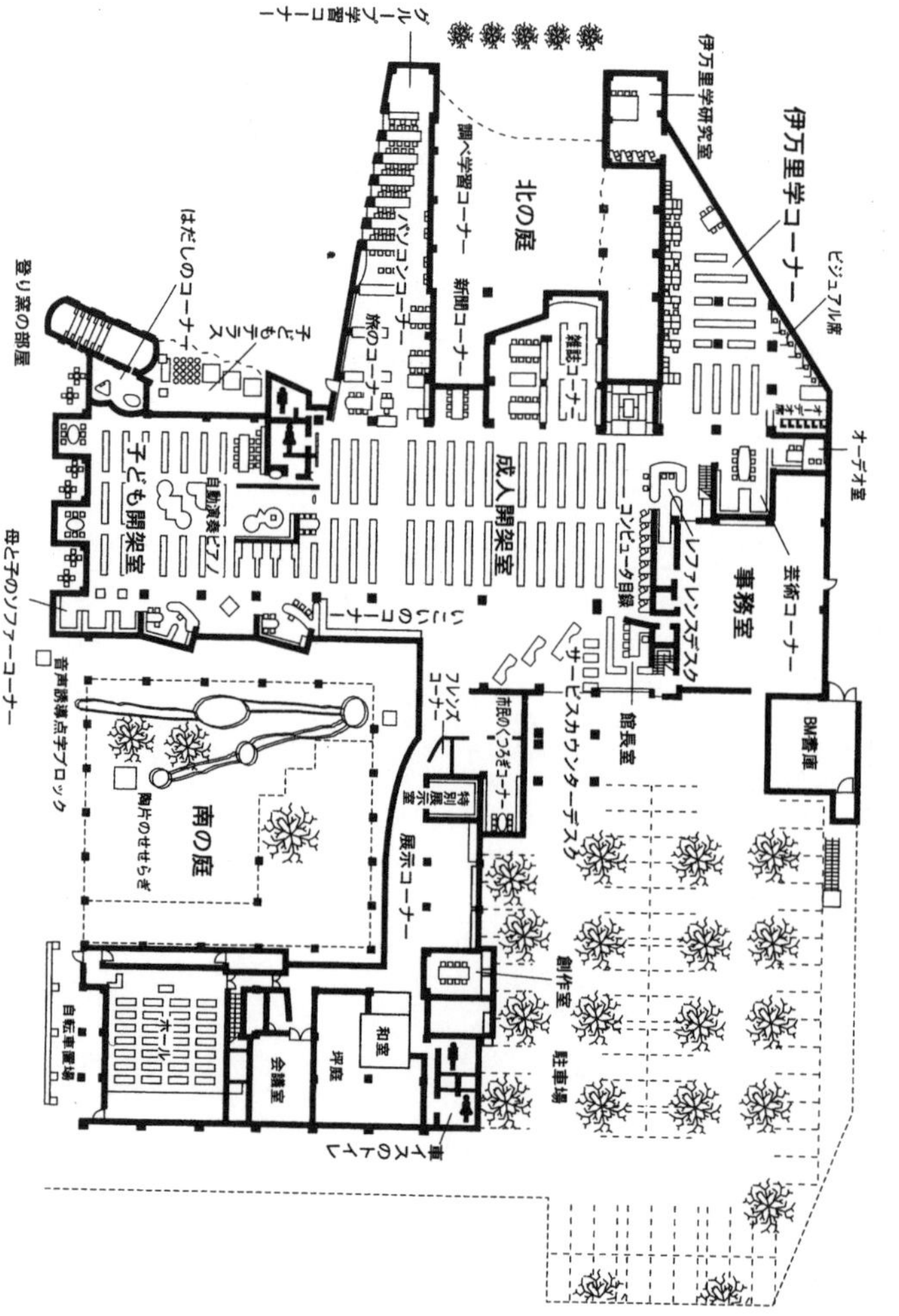

図4　伊万里市民図書館 配置図
(出所)伊万里市民図書館『伊万里市民図書館』1995年をもとに一部加筆

行い、午前中に新ホールで菅原氏の講演会が開かれた。午後から貸出を始め、待ち構えていた多くの市民がやってきた。玄関を入ると喫茶室の先に、友の会のコーナーがあり、開架室の入口には、図書館の理念を守ることを宣言した「図書館の自由に関する宣言」と「市民図書館設置条例」が掲げられた。設置条例は、図書館法に基づいて設置するという曖昧な表現ではなく、「第一条　伊万里市は、すべての市民の知的自由を確保し、文化的かつ民主的な地方自治の発展を促すため、自由で公平な資料と情報を提供する生涯学習の拠点として、伊万里市民図書館を設置する。」と定めて、当時の図書館界の耳目を集めた。また、設計者の計らいで坪庭の壁面には、新図書館の建設に関わった市民の名前を刻した陶板「協働の証」が設置された。

図5　風が吹き抜ける低書架の閲覧室

　開館後、半年間で全国から一六〇団体、約四〇〇〇名が視察に訪れた。同年九月に開かれた記念講演会では、作家の井上ひさし氏を招いた。図書館が大好きだという井上氏には、市民による取り組みとともにこの施設を絶賛していただいた。

　新図書館が開館後、六月末に「すすめる会」は解散した。九月に「協力と提言」を合言葉に、図書館を支援し育てていく組織として新たに「図書館フレンズいまり」（以下「フレンズ」）が誕生した。「フレンズ」の会員資格は、「図書館を愛する人」となっており、役員は主に旧「すすめる会」を中心に三〇名弱で構成され、会員は活動を支援する賛助会員が多数を占めている。

会員数は、二〇一九年七月現在、三五九名である。役員がイベント、美化、広報、フレンズコーナー、インフォメーションの五つの委員会に所属し、それぞれ後述する活動を展開している。

「フレンズ」の主な年間行事は、一月の「新春かるた会」に始まり、二月は「図書館めばえの日」のぜんざい会、五月は総会及び古本市、七月は後述する開館記念の「図書館☆《ほし》まつり」と俳句大会表彰、一〇月は文化の日に開催する古本市などである。その間、庭の池掃除や花壇の植栽、さらに広報誌『いすの木』の発行など多彩な活動を展開している。開館した年の一〇月には「第一七回九州・沖縄図書館づくりセミナー」がホールで開かれ、「フレンズ」から代表以下三名、図書館から犬塚と筆者が発表を行った。

このほか、自主的な講演会も数回行い、開館一〇周年の二〇〇五年には、前鳥取県知事の片山善博氏を招き「知の地域づくりと図書館の役割」と題した記念講演会を開催した。

この時期の「フレンズ」の特筆すべき活動に新市長への提言がある。新館オープン後の館長は、旧来に復して退職した元学校長が任命されていた。そのため、館長には司書の経験のある人材を配置してほしいと市長に直談判した。その結果、館長には司書資格が必要となった。以後は司書経験者を対象に全国公募が定着し、生え抜きの犬塚館長が一〇年間、図書館をリードしていく道をひらくことができた。ちなみに筆者は、建設準備室長の時に業務命令で、別府大学の司書講習で司書資格を取得していたので、犬塚館長の退任後に全国公募で館長となった。

（2）市民手づくりの「図書館☆まつり」

開館一周年を記念し、一九九六年七月六日と七日に図書館の誕生日を祝うため、第一回「図書館☆まつり」（以下「☆まつり」）が、「フレンズ」の主催で開かれた。多くの図書館では、こうした行事を市民側が主催することは少ないと思うが、図書館では、週末に利用が多く人手が不足する。そこで、市民図書館の開館記念行事を市民自身が企画しお祝いすることになり、今日まで続いている（図6）。「☆まつり」は、土・日曜日の二日間にわたり市街地の中学校二校のブラスバンド演奏で開幕し、市長や教育長も参加する恒例の行事となっている。

図6　手づくりのバースデーケーキ

近年では「フレンズ」に図書館にかかわるボランティアや文芸、障がい者、音楽、平和、環境、特別支援学校などの諸団体が加わり、その中から「☆まつり」を開催するために約二〇名の実行委員会を組織している。委員会では、準備・検討のための会合を五、六回開いて、年度ごとにキャッチフレーズを決めて盛り上げている。また、行政側も交通安全を

図7　書架の間で歌う少年少女合唱団

啓発するために警察の協力を得て、パトカーや白バイの試乗会を行っている。伊万里牛のマスコット「も〜もちゃん」など、子どもたちに人気のご当地キャラクターも登場し大盛況となっている。

「フレンズ」では、毎年、小・中・高校生や一般の人を対象に俳句を募集し、「☆まつり」で表彰式を行っている。「☆まつり」で人気があるのは、特別支援学校の木工作品や障がい者団体による農産物の即売会のほか、趣味の作品販売などだ。和室では女性の国際ボランティア奉仕団体の一つである「国際ソロプチミスト伊万里」によるお茶会が、開架室では生け花展がそれぞれ開かれる。子どもたちには、登り窯の部屋での七夕お話会はもちろん、図書館クイズラリー、バルーン・アート（風船作品づくり）、そして七夕の短冊書きなどが人気である。また、音楽団体がお琴や尺八の演奏会、生バンド演奏、合唱団のコーラスを行ったり、ホールではフラダンスの発表会も開かれたりする（図7）。そして、フィナーレは参加者全員で大合唱をして閉幕する。

図書館職員は非番の人が裏方で支えるが、何といっても「フレンズ」の結束力が、これだけのエネルギーを生み出している。また、「フレンズ」の運営資金は、会費のほかに年間五回開催される古本市の収益などが充てられる。古本市では、家庭での不要本や図書館の廃棄本が再利用される。

図書館で活動している主なボランティア団体には、「お話キャラバン」、布絵本を作成する「てんとうむしの家」、対面朗読の会「草ひばり」、童謡・唱歌を歌い継ぐ「いすの木合唱団」、そして庭園の草刈りを行う「古伊万里ライオンズクラブ」などがある。これらの諸団体の活動は、新館が開館する以前から行われていた活動もあり、「フレンズ」の活動とともに市民と図書館との協働の中心を成している。

(3) 図書館建築賞の受賞と福祉喫茶のオープン

開館二年目の一九九七年五月には、貸出冊数が一〇〇万冊と順調に伸展し、一〇月には山梨で開かれた第八三回全国図書館大会（主催・日本図書館協会）で、「第一三回図書館協会建築賞」を受賞した。授賞式には、設計者の寺田氏はもちろん、筆者と一緒に頑張った司書の犬塚、原みゆきの三名で参加し、感激を分かち合った。そして、同年一一月には、「フレンズ」が、ホールで「建築賞をみんなで祝う会」を開催し、寺田氏や基本計画を担当した菅原氏も東京から駆け付け、手作りの郷土料理などを囲んで大いに賑わった。その時、歌人の佐藤佐太郎門下でもある菅原氏が、和歌を詠まれた（図8）。さらに、二〇〇〇年には、公共建築協会による「第七回公共施設建築賞」を受賞した。

また、一一月には、玄関そばのコーナーに「手をつなぐ親の会」により、「福祉喫茶　あおぞら」がオープンした。前年に滋賀県の先進地を視察した折、環境問題を考える喫茶室を見て、い「泉より尽きぬ清水の湧くように　市民の支え明日も続かん」
ま「真清水の泉のほとり老い人も　若き幼き者らもつどう」
り「理想高くかかげて市民図書館の　進まん道に光あふれよ」

図8　菅原氏の和歌

これを参考に障がい者団体に呼び掛けて実現したものだ。現在では、三、四名の主婦がボランティアで軽食づくりの支援をしている。なお、「あおぞら」の近くには、「フレンズ」に設置を依頼した自動販売機もあるが、子どもの健康や環境問題を考えて、缶ではなく主に紙パックの乳製品などを置いている。

(4) 開館以来の主な活動

市民協働といっても図書館自体の活動に魅力がなければ、市民の支援は得られない。その意味で開館以来、さまざまな活動に市民とともにチャレンジし、開館五周年には、石牟礼道子氏の講演会を開催した。さらに、「子どもが本を読まないまちに未来はない」の合言葉のもとで、子どもの読書推進に力を入れてきた。移動図書館車で保育園を巡回し、園児の時から図書カードを持つようにしたので、図書カードの登録率は全市民の七割を超えている。また、巡回先ではボランティアと一緒に読み聞かせを行ったりもした。ブックスタートも早くから取り組み、「フレンズ」の協力のもと募金活動をして基金もつくり、絵本の購入に充てている。さらに、二〇〇七年には、全国で初めて「読書のまち」を宣言した茨城県大子町に三か月遅れて、家庭読書（以下「家読《うちどく》」）に取り組み、二〇〇八年には本市で「第一回家読サミット」を開催した。「家読」については、市内の音楽家である羽柴良重氏（フレンズ役員）が作曲し、中島進氏（小学校教諭）が作詞を担当して「リード&トーク」という素敵なテーマソングをつくり、CD化もされて全国の推進地区で歌われるようになった。

同年には、全国出版協会による「第二回文字・活字文化大賞」を受賞した。子ども読書活動

表2　図書館伊万里塾の講座内容

2005年10周年記念

回数	開催月	講座名
第1回	7月塾	講演「図書館は未来をひらく」 ・古川康氏（佐賀県知事）
第2回	8月塾	講演「しあわせに本を読みあう」 ・村中李衣氏（児童文学）
第3回	9月塾	講演「図書館のまち伊万里永遠に」 ・植松貞夫氏（筑波大学）
第4回	10月塾	講演「図書館を利用して」 ・石川慶蔵氏・川添幸子氏（利用者）
第5回	11月塾	講演「図書館は進歩してきたの」 ・寺田芳朗氏（設計者）
第6回	12月塾	講演「豊かさの条件」 ・暉峻淑子氏（経済学者）

2015年20周年記念

回数	開催月	講座名
第1回	9月塾	講演「場としての図書館を考える」 ・岡幸江氏（九州大学）
第2回	10月塾	講演「市民と目指す図書館の明日」 ・草谷圭子氏（児童文学者）
第3回	12月塾	講演「次世代に生き残る図書館」 ・猪谷千香氏（ジャーナリスト）
第4回	1月塾	講演「そうだ　図書館へ行こう」 ・才津原哲弘氏（元能登川館長）
第5回	2月塾	講演「子どもの読書活動推進」 ・勝山浩司氏（東京学芸大学）

では、文部科学大臣賞を二度受賞し、二〇一〇年には、開館一五周年を記念して「子ども読書のまち宣言」を「フレンズ」との共催で行った。

また、一〇周年と二〇周年には、市民が図書館を学ぶ図書館伊万里塾が開催された（表2）。開催にあたっては、「フレンズ」の協力なしには実現しなかっただろう。なお、一〇周年記念の第四回講座を担当した石川慶蔵氏は、図書館の蔵書とレファレンスサービスを活用して陶製万華鏡と万年筆を開発し起業した。そして、二〇〇八年に鳥取県立図書館による「図書館で夢を実現しました大賞」を受賞した。二〇〇八年に開催された洞爺湖サミットでは、この陶製万年筆が参加した各国首脳にプレゼントされた。

二〇一四年一〇月、東京で開かれた第一〇〇回全国図書館大会では、主催者の日本図書館協会よりこれまでの活動に対し、「フレンズ」へ感謝状が贈られた。

おわりに

インド図書館学の父といわれるランガナータン（Ranganathan, S.R.）は、著書『図書館学の五法則』(1)の中で図書館の基本的目標を五つの法則として簡潔に表現している。第五法則に「図書館は成長する有機体である」がある。この法則を参照して建設時の目標を「伊万里をつくり、市民とともにそだつ、市民の図書館」と定めた。この目標には、図書館の本で学んだ市民が成長し、その市民により町が豊かになることで、図書館もさらに発展し、成長するという思いが託されている。図書館の蔵書には、学ぶことによって人生をより豊かにする力がある。

翻って世界は、衆愚政治が大手を振り、民主主義の衰退が叫ばれている。また、社会の格差が広がり、子どもの貧困が顕著になっている。それに対し図書館は、人類の知恵の殿堂であり、誰にでも平等に開かれた民主主義のゆりかごである。

俳聖松尾芭蕉の発句の理念に「不易と流行」がある。すなわち「不易を知らざれば基《もとい》たちがたく、流行を辨へ（知ら）ざれば風新たならず」というものだが、これは「不変の真理を知らなければ基礎が確立せず、変化を知らなければ、新たな進展がない」と解釈できる。[2]

私たちは、図書館の伝統に固執して、新たな可能性に挑戦することに怯んでいないだろうか、あるいは時代の流行のみを追いかけ、基本を忘れてはいないだろうかと煩悶しながら、ここまで歩いてきた。

国立国会図書館法の前文に「真理がわれらを自由にする」という聖書に由来するとされることばがある。私たち市民が、真理を知ること、知る喜びを追求するかぎり、図書館の価値はますます必要とされるであろう。図書館の主役は市民であり、図書館と市民が手を取り合ってこそ、新たな道は見えてくるのではないだろうか。

引用文献

（1）S・R・ランガナータン著、渡辺信一ほか共訳『図書館学の五法則』日本図書館協会、一

九八一年、四二五頁

（2）荻上紘一「巻頭言」『数学通信』八巻二号二〇〇三年 https://www.mathsoc.jp/publications/tushin/backnumber/intro08.html#2（最終アクセス：二〇二一年三月二六日）

参考文献

古瀬義孝「住民運動から生まれた移動図書館」『みんなの図書館』二五〇号、一九九八年、二一―二四頁

古瀬義孝「市民とともにそだつ市民の図書館」『全国公共図書館研究集会報告書』二〇一一年、一三―一六頁

古瀬義孝「知の銀河系での日々――伊万里市民図書館、準備から開館へ」『草茫々通信』九号、二〇一六年、四二―四六頁

〈第6章〉

図書館フレンズ田原の視点による協働での図書館づくり

是住久美子（愛知県田原市図書館館長）

はじめに

田原市は愛知県の南端に位置し、北は三河湾、南は太平洋、西は伊勢湾と三方を海に囲まれている。市域は渥美半島のほぼ全域にあたる。人口は六万二三六四人（二〇一五年 国勢調査）である。平成の大合併により、二〇〇三年八月、田原町が赤羽根町を編入合併する形で市制施行を行い田原市となった。さらに二〇〇五年一〇月、渥美町の編入合併により現在の田原市となった。

合併前の二〇〇二年に開館した田原町図書館は、二〇〇三年の赤羽根町との合併により田原市中央図書館となり、赤羽根図書館との二館と移動図書館車一台での運営が始まった。さらに、二〇〇五年の渥美町との合併により、中央図書館と二つの分館（赤羽根図書館、渥美図書館）、二台の移動図書館車による図書館運営へと変わり、現在に至っている。

ここでは、町民と行政、設計者との協働による田原町の図書館づくりについて、「図書館フレンズ田原」の視点から振り返ることにする。

1．図書館建設計画の萌芽と町民主導による図書館建設運動

（1）遅れをとった田原町の図書館建設

一九九一年、人口三万四四五〇人（一九九〇年 国勢調査）の田原町では、三河田原駅前の再開発や渥美病院の移転をはじめとした再整備事業の検討が活発に行われていた。当時、町には一九八三年に文化会館内に設けられた広さ一六〇㎡、蔵書二万五〇〇〇冊余りの小さな図書室しかなく、図書館の建築は懸案事項であった。しかし、策定された田原中央地区市街地再開発基本設計には、「再開発ビルの公共スペースの一部に約一三〇〇㎡の図書館を建設」と町にとって初めての図書館建設が盛り込まれた。

渥美半島には、前述のように田原町のほかに、後に合併することになる渥美町と赤羽根町があった。一九九二年、赤羽根町に図書館が建設され、渥美町にも一九九四年に図書館が建設された。三町の中で最も人口も財政規模も大きい田原町は、図書館建設の面では二町から遅れて

いた。しかし、再開発基本設計に図書館建設が盛り込まれ、議員が佐賀県伊万里市ほかの図書館を視察するなど、田原町にも図書館建設の機運が高まりつつあった。

(2) 始まりは一人の女性による署名活動

同じ頃、アメリカのカンザスシティでの留学から田原町に帰ってきた神本浩子《かみもとひろこ》は、たった一人で三河田原駅前に立ち、図書館建設を求める署名活動を行っていた。留学中、貧乏学生だった彼女は、カンザスシティのパブリックライブラリーの分館であるプラザライブラリーに足繁く通った。ビデオを借りたり、居心地のよい閲覧席で過ごしたりする中で、多くの人がさまざまな目的で図書館を利用している様子を目の当たりにし、日本とアメリカにおける文化施設の考え方の違いを感じていた。帰国後、田原町にも図書館が必要だと考えた神本は、「よい図書館を創る会」を立ち上げ、当時、町で活動していた子育て支援グループ「くぬぎの会」のメンバーとともに活動を始めた。「くぬぎの会」は、平野利依らを中心に子育て中の主婦たちで構成され、田原児童館を拠点におもちゃや絵本で子どもを遊ばせたり、おやこ劇場で活動したりしていた。「くぬぎの会」は、小学校PTAとそのOBも巻き込みながら神本の活動を支援し、図書館建設を求めるメンバーを集めていった。「くぬぎの会」では独自に、碧南市立図書館など近隣の図書館見学会を開催し、学んだことを広く共有するために見学記「楽しさって文化なんだ」を発行した。

（3）「図書館フレンズ田原」の誕生

一九九六年、田原町は第四次田原町総合計画において「蔵書一〇万冊以上を備えた図書館の整備を促進する」と発表し、図書館建設構想委員会（以下構想委員会）を設置した。「くぬぎの会」のメンバーであった大村恭子が委員に入り、いよいよ本格的な図書館建設に向けた検討が始まった。

七月、「くぬぎの会」が町役場に働きかけ、生涯学習課主催で慶應義塾大学の糸賀雅児教授による講演会「本と仲良くなるために」が開催された。一一月に構想委員会は「延床面積四〇〇〇㎡、蔵書冊数三五万冊、職員一五名程度」の図書館が望ましいとの答申を町に提出した。これは町にとっては十分な規模であった。

一九九七年三月、「くぬぎの会」は再度糸賀教授に依頼し、出張の際に豊橋に立ち寄ってもらい、市民が主催する「糸賀先生を囲む会」を開催した。市民や議員など約三〇名が豊橋に集まり、熱心に図書館のことを学ぶ機会を得た。

一一月、神本や平野をはじめとした「くぬぎの会」のメンバーに加え、企業図書館での司書経験を持つ小澤美穂子や田原女性会議の原田眞理子らを中心に、新たなグループ「図書館フレンズ田原（以下「フレンズ」）」が誕生した。「フレンズ」は、図書館のことを学び、町にできる新しい図書館をよくしていきたいという思いに賛同した町民の集まりだ。会則では「この会は、田原町立図書館（仮称）の建設計画中、建設中、また建設後も、図書館利用者の立場から行政と協働して図書館づくりを行っていくことを目的とする」と明示している。名称は、佐賀県伊万里市において市民が積極的に図書館運営に関わり、先進的な活動を行う「図書館フレンズいまり」にあやかって付けられた。田原町のまちづくり活動に深くかかわっていた町会議員らは、自宅の二階を会議場所として提供するなど、当初から彼女たちの活動を背後から見守り支援していた。そのことが後の町民と行政、設計者の三者協働によるよい図書館づくりによい影響をもたらした。

2. 町民参加による図書館建設計画の始動

(1) 建設基本計画に対する要望書の提出

一九九八年三月、「田原町図書館及び生涯学習施設建設基本計画」（以下基本計画）が発表された。基本計画では、図書館や生涯学習センターを併設した複合施設を目指すこと、コンセプトや候補地、規模が示された。発表当時、基本計画は構想委員会の答申に合致したものではなかった。そのため、町民の中には、基本計画に不備や矛盾があることを「フレンズ」に指摘する方もいた。一〇月、ある議員から「フレンズ」に対して、基本計画の決定が近いことが知らされた。「フレンズ」は同月に集会を開き、生涯学習課の課長補佐から基本計画案の説明を受け意見交換を行った。「フレンズ」は一一月に計三回のミーティングを開催し、町に提出する要望書の準備を進めた。

要望書では、他の目的を持った施設との兼用部分をなくすこと、緑化空間を確保し潤いある施設とすること、計画づくりや建設過程で町民に情報を公開するとともに、図書館づくりの見識者をアドバイザーとして採用すること、図書館利用などに関する町民への啓発活動を推進すること、などを提案した。一一月、神本代表ら三名が町役場を訪れ、三九五名の署名を添えた要望書を町長、議長、教育長に提出した。「フレンズ」は要望書の署名集めにあたり、丁寧に説明することをメンバーと確認した。要望書提出後も三九五名の署名者に直接、礼状を手渡して報告を行った。

町に要望書を提出したことは新聞でも報道され、大きな反響があった。「フレンズ」のメンバーは、白井町長が要望書を受け取る際に立腹していたと感じた。しかし、後に町長は伊万里市民図書館への訪問をきっかけに自身の考えが変わっていったのではないかと認識している。以降、基本計画を所管する生涯学習課においても「フレンズ」を重視し、「フレンズ」が発案する企画を検討課題とするなど、町民の意見を図書館建設の計画に反映させる方針へと変わっていった。

(2) 講演会の開催

「フレンズ」のメンバーの中には、仕事を持っているため、日中活動方針を話し合ったり活動報告をしたりする月例会に参加しにくい人たちもいた。そこで、一九九九年一月から月例会を昼と夜の二回開くことにした。「フレンズ」は生涯学習課に提案し、二月に図書館計画施設研究所の菅原峻氏を迎えて、講演会「図書館はわたしの友だち・二一世紀におくることのできる図書館を」を開催した。講演会は町と「フレンズ」の共催により開かれ、「フレンズ」のメンバーは企画や当日の運営にも積極的に参加した。月例会では講演会の開催を通して、参加者間で次の四点の考え方の共有を目指した。

1. 図書館のない町から図書館のある町に変わることのすばらしさ
2. 図書館づくりは町づくりに結びつくという発想
3. 町民による図書館づくりの重要性
4. 一九九九年度に設置予定の図書館準備委員会に向けたフレンズの発信力を高める

講演会の前には、渥美町や赤羽根町の図書館を見学するバスツアーも開催した。講演会は約八〇名が参加し、二二名が新たに「フレンズ」の活動に加わった。「フレンズ」の会員は六月には七七名に達し、カンパなどによる協力者も含めると多くの町民が「フレンズ」の活動を支援していた。講師の菅原氏は、その後も町に対して設計の助言を行い、「フレンズ」の月例会に参加するなど、図書館建設への協力を続けた。

(3) 設計者の決定と建設準備室の設置

一九九九年二月、指名型プロポーザル方式によって、図書館建設を専門とし、実績も豊富な株式会社和《やまと》設計に設計者が決定した。また、「建設用地選定委員会」と、町内の一四の各団体の代表者と行政との意見交換の場である「図書館及び生涯学習施設建設懇話会」（以下建設懇話会）の設置が決まり、「フレンズ」から各会合へ一名ずつ参加することになった。各団体からは、町議会、社会教育委員会、総代会、婦人会などが参加した。

五月に生涯学習課と和設計は、一〇回にわたり町内の各団体へヒアリングを実施した。「フレンズ」へのヒアリングも五月に行われ、メンバー一〇名が参加した。そこで「フレンズ」の思い描く図書館像、生涯学習施設として地域にふさわしい図書館であること、子どもとお年寄りが元気に過ごせる場所であることなどの意見を伝えた。和設計からは、時間をかけて情報収集を続け、重要な局面では意見交換の場を設けることを考えているとの説明を受けた。月例会では、「和設計は田原のことや町民一人ひとりのことを大切にしていると思った」と好印象を持ったことが参加者から報告された。

六月には、生涯学習センター建設準備室（以下準備室）が設置された。早速「フレンズ」は室長や室長補佐に対し、現在の状況や今後の計画について、インタビューを申し込んだ。「フレンズ」からの「図書館長はもう決まっているのか」との質問に対し、室長らから「内部から見識・経験を持った方をリーダーとして選出することは難しいので、外部から適任者を招くことを検討中」との回答があった。

同月、和設計は、「建設用地選定委員会」の初会合に出席するため町に来ていた。会合後、「フレンズ」とのミーティングに参加し、活発な意見交換を行った。「これまで図書館が無かった町でどのように町民の図書館に対する意識を変えていくことができるか」「就園前の子どもを持つ親子が安心して使うことのできる空間をどう作っていくか」などの課題について話し合った。以後、和設計が来町するタイミングに合わせて、「フレンズ」とのミーティングや月例会が開催され、設計者と町民との意見交換が頻繁に行われることになった。

町の文教厚生委員会の議員と準備室長は、滋賀県の八日市市と能登川町の図書館に視察に行った。「フレンズ」は月例会で議員からその報告を聞いた。そのため、七月に「フレンズ」のメンバーも、二日間の日程で自主見学会を開催し、議員らが訪問した八日市市立図書館と能登川町立図書館に加えて、高月町立図書館と湖東町立図書館の計四館を見学した。その際、見学会に和設計の社員二名も同行し、各館の特徴などの説明を行った。

八月、準備室の提案により、和設計と「フレンズ」のメンバーによる近隣の図書館や生涯学習施設の見学会が開催された。準備室長、和設計三名、「フレンズ」のメンバー一三名が豊川市中央図書館と蒲郡情報ネットワークセンターを見学した。

この時期、設計者と町民、そして行政とが活発な意見交換を行いながら、先進施設の見学を通して、施設内のスペースを使い市民が生き生きと活動するような新しい図書館のイメージを共有できたことは有意義であったと思われる。

(4) 建設地と館長決定

一九九九年九月、町議会の第三回定例会において、議員が行った質問への回答から次のことが明らかになった。第一に、図書館を核にした生涯学習施設が文化会館敷地内に建設されること、第二に、館長として東京都の日野市立図書館に勤務していた森下芳則が内定し、一〇月に準備室の主幹として配属されることであった。

一〇月、町は「図書館建設についての意見交換会」を開催した。その場で和設計作成による「田原町図書館及び生涯学習施設建設基本計画書の見直し案」を発表し、建設計画の概要が参加者に説明された。和設計は「まちのインフラとしての図書館」など、町にとってどんな役割を果たす施設なのかをわかりやすく伝え、今後作成される基本設計の公開についても約束した。一九九八年に講演会を行った菅原氏もオブザーバーとして参加し、「今変わるべき図書館、その出発点が伊万里だとすれば二周目の大切なコーナーにあるのが田原」だと発言した。翌日、町は建設懇話会を開催し、委員に対して基本計画の見直し案に沿って建設概要を説明した。「フレンズ」のメンバーは、この会にも参加した。後日、月例会で自分たちの声が今後基本計画にどのように反映されるのか期待が持てることを報告した。

「フレンズ」は有志らによる二回目の自主見学会を一〇月に企画し、三名のメンバーが九州の苅田町、三日月町、伊万里市、森山町の各図書館を見学した。見学には着任したばかりの森下館長と和設計の田戸義彦氏が同行した。伊万里市民図書館の見学では「フレンズ」の名称のもとになった「図書館フレンズいまり」のメンバーとの念願の交流もできて、充実した見学会となった。

一二月、町主催の「図書館見学会・関市わかくさプラザ」が開催され「フレンズ」のメンバーも多数参加した。一九九九年に開館した同プラザは、総合体育館と福祉会館、図書館を含む学習情報館で構成される複合施設であり、同様の複合施設の建設を目指すわが町にも参考となる見学会であった。二〇〇〇年一月には「フレンズ」が三回目の自主見学会を企画し、静岡県の磐田市立図書館へ行った。

3. 情報広場の開催と開館までの軌跡

(1) 基本設計の公開と情報広場の開催

二〇〇〇年に入り、より多くの町民を対象とした情報公開と意見交換、そして学習機会を設けるため、「情報広場」の開催が決定した。「フレンズ」は準備室から、一回目の議題となる基本設計をどのように町民に説明したらよいか相談を受け、準備室と和設計と一緒に検討した。町民の意見を吸い上げるシステムとなり、それを基本設計に反映させていくという考えのもとで進めることを確認できた。さらに、ポスターのデザインや配布先の検討にも協力した。こうして二月、一回目の情報広場が開催され、和設計が設計図や模型を用いて基本設計の内容を説明し、その後グループに分かれて、参加者による意見交換が行われた。公開により基本設計の説明がなされたこともあり、町民の関心は高く、町内の建設関連会社なども集まり、一二〇名もの人たちが参加した。基本設計では、複合施設として、新築部分の一階から三階までが蔵書収容能力三五万冊の図書館が入り、文化会館の増築部分には生涯学習や情報化施設としてコンベンションホール、ケーブルテレビ用スタジオ、音楽練習室、そしてフリースペースが設けら

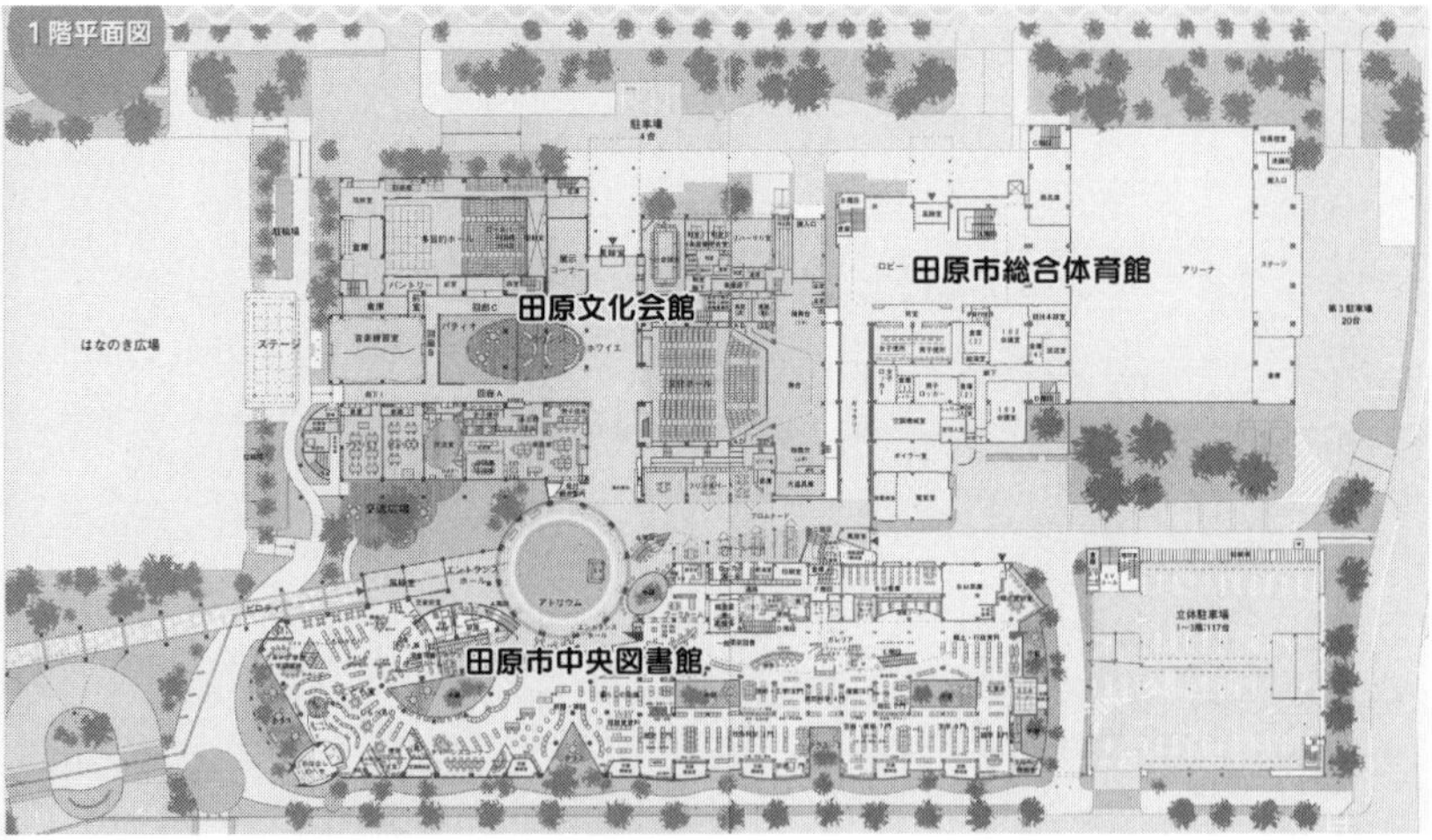

図1　図書館が入る複合施設の1階平面図

れることが説明された（図1）。グループ討議では、「打ち合わせなど自由に利用できるフリースペースの設置がいい」「障がいのある人も使いやすい施設にしてほしい」「読み聞かせをやりやすい児童室が理想」などさまざまな意見が出され、会場は熱気であふれた。

二回目の情報広場は「フレンズ」の提案で、三月に菅原氏による講演「こんな図書館がほしい」が開催された。前半に菅原氏による講演、後半に意見交換会を行った。意見交換会は、図書館、文化ホール周りの改修プラン、ホール以外の館内施設改修プランの三グループに分かれて行った。約五〇名の参加者が活発に意見を出し合った。「フレンズ」は、これまで町民から出された意見はどのように扱われるのかを準備室に尋ねた。準備室は、時間の許す限り設計

表1　「情報広場」の開催概要

	開催日	内容	参加者数
第1回	2000年2月26日	基本設計公開、意見交換	120人
第2回	2000年3月17日	「こんな図書館がほしい」　菅原峻氏講演会、意見交換	50人
第3回	2000年5月20日	フリースペースについての意見交換会　ゲスト：石田静子氏(かながわ県民活動サポートセンター)	50人
第4回	2000年7月15日	「わたしたちの図書館」　設計内容の最新情報説明、ビデオ「図書館の人びと」上映による図書館の説明	60人
第5回	2000年9月22日	見学会「八日市市立図書館を見に行こう」	27人
第6回	2001年3月23日	「住民に育まれる図書館・住民とともに歩む図書館」　山口源治郎氏講演会	45人
第7回	2001年7月1日	「文化会館はこうなる」　生涯学習施設改修・完成プラン説明会	45人
第8回	2001年10月20日	「図書館 その2 どんな図書館になるの？疑問に答えます」	43人
第9回	2001年11月3日	建設現場見学会　「子どもも大人も図書館を体感しよう！」	93人

(出所)図書館フレンズ田原による活動記録および準備室の事業報告より筆者作成

者とともに変更も視野に入れて基本設計の検討を継続していきたいと、町民の意見を取り入れるために基本設計の変更も厭わない姿勢を示した。

情報広場の開催は、事前に「フレンズ」の月例会に和設計や森下館長らが参加し、次回の開催内容を検討した上で、実施していくという流れが定着した。情報広場は二〇〇一年三月まで計九回開催された。情報広場の開催内容と参加者数を示す（表1）。

（2）建設着工と開館準備

情報広場で出された意見も踏まえて、基本設計、実施設計が進められ着工を迎えた。二〇〇〇年一一月二一日に起工式が執り行われ、図書館部分の建設が始まった。工事を担当することになった市内の複数の建設会社による共同企業体は、これまで手掛けたことのない困難な要求に苦戦しながら対応していくことになった。

二〇〇一年からは、翌年の図書館開館に向けた本格的な準備が始まった。二〇〇一年四月には、他市の図書館で充分な勤務経験のある司書二名が採用され、準備室での業務を開始した。「フレンズ」は早速彼らにインタビューを行い、会報で紹介した。以降、正規職員や嘱託職員の司書が採用されるたびに「フレンズ」によるインタビュー記事が会報に掲載された。

六月、「フレンズ」のメンバーと森下館長は、たはら国際交流協会が主催する町民海外派遣事業に参加し、フィンランドとスウェーデンを訪問した。フィンランドではヘルシンキ市立中央図書館を、スウェーデンではレクサンド市立図書館とストックホルム市立図書館をそれぞれ視察した。帰国後、両国の図書館で提供される充実したサービスや、そこで働く職員の多さについて報告が行われた。

七月末に閉室する図書室に代わり、九月から三〇〇〇冊を積載できる移動図書館車「いずみ号」の巡回が始まった。小学校を中心に一〇か所の巡回先が決まり、移動図書館では、新しい図書館でも使用可能な利用者カードの作成もできた。八月、図書館の開館記念行事の内容を検討するための「図書館オープニングフェスティバル実行委員会」（以下実行委員会）の一回目の会合が開かれ、記念講演の講師などを検討した。

（3）設計者の姿勢

設計を担当した和設計は、「フレンズ」の月例会へ参加するだけでなく、準備室の職員とともにサークル団体やボランティア団体へのヒアリングや、住民への説明会・意見交換会を何度も行った。団体からは「自分たちが活動できる部屋や物を置ける倉庫が欲しい」「台数に余裕のある駐車場が必要」「シャトルバスの運行が実現できるか」「子どもたちが学習できる場所が必要」などの要望や意見が出された。田原町の生涯学習をどう考えるか、図書館は何を目指すのかについてリサーチやヒアリングを繰り返すことで、基本計画に落とし込んでいく作業を丁寧に実施した。

和設計の田戸氏は、これまで町民、行政の担当者と行った意見交換会を振り返って「フレンズ」の機関誌（『活動記録第二集』図書館フレンズ田原、二〇〇〇年）に以下の文章を寄せていた。

今回の田原町の仕事は、私たちにとって特別なものになりそうです。設計の辛さや孤独感を和らげ、出来上がる喜びを共有できる数多くの仲間を得ているからです。図書館サービスを立ち上げ、そして運営していく準備をしている準備室の太田さん・立岩さん・熱血館長の森下さんや、その図書館の利用者となる多くの人々、とりわけその準備に多大な情熱を傾けてこられたフレンズの方々の存在はこれまでに経験したことのない「協働」の喜びを与えてくれました。

ともに準備して盛り上げた「情報広場」。その打ち上げに、皆でわいわいとはしゃいだ思い出は今も鮮明です。こんなにも楽しかったことが過去にあったでしょうか。多くの「同志」と喜びを分かち合うことがどんなにすばらしい体験か、この喜びをもっとたくさんの人と分かち合いたいと思うばかりです。

一方、行政側は森下館長が就任する以前の生涯学習課の課長であり、後に準備室長を務めた太田誠雄を中心に事業を進めていた。太田は自ら図書館については素人であることを認め、休日になると自分の車で成功している全国の図書館を見てまわり、どのような条件ならば成功するのか、図書館に関する知識を蓄えようと努力した。そして、「フレンズ」や町民、設計者、行政各部署との関係を苦労の上につくり上げてきた。このように田原町図書館は、「フレンズ」を中心とする町民による参加と、彼らと設計者、行政担当者との協働によってつくられた。

(4)　私たちの図書館がついに、はじまった！

二〇〇二年四月、新規の司書職採用職員二名、異動職員一名、嘱託職員八名、臨時職員二名が準備室に配属された。図書館職員と町民との交流会「みんなで始める田原町図書館」も行われた。五月から図書館内で本を並べるボランティアが募集され「フレンズ」のメンバーも参加した。

八月二日、「図書館をはじめます！」と題した図書館開館式典には「フレンズ」のメンバーも招待され、待望の図書館のオープンとなった。また、「フレンズ」のメンバーは、来館者を着ぐるみ姿で出迎え、チラシを配布するなど、実行委員会のメンバーとして、記念行事の企画・運営にも深く関わった。開館当日は喜びをゆっくり味わう暇もなく、目の回るような忙しさの中を図書館職員とともにかけぬけた。オープニングフェスティバルは、翌月も続き、作家の落合恵子氏や児童文学者の斎藤淳夫氏による講演会、動物画家の薮内正幸氏の絵本原画展、アトリウムでの音楽コンサートなどが開催された。また、小学生対象の図書館探検隊（見学会）やおはなし会、人形劇などの行事も行われ、多くの町民が来館し、町に初めてできた図書館の開館を祝った（図2・図3）。

図2　図書館外観

図3　図書館の2階からの風景

4．フレンズの事業活動と組織改編

(1) フリースペースの運用問題

二〇〇〇年に基本設計が公開された。複合施設内には、フリースペースが設置されることが判明し、その運用について長い検討が続いた。フリースペースは、図書館と文化ホールの間に位置し、自由に集まったり、話し合ったりできるため、町民の活動拠点となることが想定された。そのため、印刷機やロッカーも配備されることになっていた。三回目の情報広場では、かながわ県民活動サポートセンターの石田静子氏を招き、意見交換が行われた。町は、コンペティション形式でこの場所の活用方法の提案を募り、「フレンズ」の提案内容が採用された。その提案がのちの「リサイクル・ブック・オフィス」につながる「リサイクル本のコーナー」であった。「フレンズ」は二〇〇一年に四回ほどフリースペースについて話し合い、先進実践地として、前述したかながわ県民活動サポートセンター、横浜市民活動支援センター、NPOセンター鎌倉、八日市市立図書館を視察し、その報告を兼ねた座談会も実施した。フリースペースは、利用者による自主運営を基本としながら、生涯学習課が管理することに落ち着いた。フリースペースがオープンしてからは、自習を行う中学・高校生によるゴミの問題が生じた。しかし「フレンズ」のメンバーがフリースペースの閉館時間の二二時前に見回りや掃除、中学・高校生への根気強い呼びかけなどを行うことで、利用ルールを浸透させていった。

（2）「リサイクル・ブック・オフィス」のスタートとＮＰＯ法人化

二〇〇三年、「フレンズ」は図書館オープン一周年記念フェスティバルの内容について実行委員会の一員として検討を進めながら、図書館で開催されるさまざまなイベントの運営ボランティアとしても忙しく活動していた。さらに、六月にフリースペースの一角で寄贈本や図書館の除籍本を集めて一冊五〇円で販売する「リサイクル・ブック・オフィス」の出店を行った。この事業は、本の有効活用を目的とするもので、販売の収益から運営にかかる必要経費を差し引き、大活字本を購入し、図書館への寄贈を行うというものだ。「フレンズ」は建設計画の検討段階で多くの図書館を視察し、除籍資料の有効利用方法を把握しており、図書館外の場所でそのような資料を販売する仕組みがつくれないか検討していた。「フレンズ」はこの事業を行うために、団体としての責任や透明性をより明確に位置付ける必要があると考えた。そこで、ＮＰＯ法人の認証を受け、「特定非営利活動法人たはら広場（以下「たはら広場」）」として活動を開始した。田原町教育委員会から「リサイクル・ブック・オフィス」事業やイベントのチケット販売の認可を受け、八月二日、図書館の開館一周年の記念日に「リサイクル・ブック・オフィス」をスタートした。

「たはら広場」は毎年図書館の開館日の八月二日に合わせて「図書館のお誕生日会記念事業」を企画し、図書館前のアトリウムを使って、音楽会や朗読会の開催、ボランティア活動の紹介、そして前述した「リサイクル・ブック・オフィス」による大活字本の贈呈式などを実施している。「リサイクル・ブック・オフィス」は、毎週金・土・日曜日の午後に開かれる。また、年に一度、文化会館で開催されるイベント「たはらエコフェスタ」に合わせてガレージセールを行う。これは、図書館の移動図書館車の車庫を利用して行うもので、普段よりも多くの本や雑誌を販売し収益を上げている。「リサイクル・ブック・オフィス」は、図書館の利用者のみならず、古書の購入目当てで訪れる人たちもいて、店番をしているボランティアとの交流も進んでいる。東日本大震災後は、被災した岩手県の陸前高田市立図書館を支援するため、古書を寄贈することで寄付集めに協力できるチャリボンプロジェクトに賛同し、継続的に支援している。

図4　リサイクル・ブック・オフィスの様子

5. 進化する協働のかたち

(1)「おおきなかぶ」の活動

二〇一二年、「たはら広場」と図書館は、図書館のさまざまな活動を支援するボランティアグループ「田原市図書館サポーターズ・おおきなかぶ」を立ち上げた。図書館開館時のオープニングフェスティバル実行委員会がその前身であり、広く市民に対して「リサイクル・ブック・オフィス」の店番をはじめとした各種活動への参加を呼びかけている（表2・図4）。

表2 「おおきなかぶ」の活動内容

名称／主催者	活動日時	内容
「本ぴか隊」 主催：おおきなかぶ	第2金曜日 午前10時〜12時	図書館館内整理日等の午前中、子どもの本を中心に図書館の本を拭く作業
「おおきなかぶ・ボランティア」 主催：図書館／おおきなかぶ	イベント開催時	イベント、こどもしつの工作やかがくあそびの参加者へのサポート
リサイクル・ブック・オフィス お店番 主催：NPO法人たはら広場	毎週金・土・日曜日 ①午後1時〜3時30分 ②午後3時30分〜6時	リサイクル・ブック・オフィスで除籍本と寄贈本の販売
リサイクル・ブック・オフィス リサイクル本・整頓会 主催：NPO法人たはら広場	第3金曜日 午前10時〜12時	リサイクル・ブック・オフィス、図書館で除籍本と寄贈本の整頓作業
月例おおきなかぶ会議 主催：図書館／NPO法人たはら広場	ほぼ第3水曜日 午前10時〜12時	館長室でおおきなかぶの運営や活動について話し合う
「よみっこ・田原」 主催：くぬぎの会／NPO法人たはら広場	奇数月末日曜日 午後3時〜午後4時30分	絵本の選書・勉強会
「くぬぎのおはなしかい」 主催：くぬぎの会	毎月第1土曜日 午後3時〜午後4時30分	幼児向け手遊びや読み聞かせの開催
「くぬぎのこりすのへや」 主催：くぬぎの会	毎月第4水曜日 午前10時30分〜11時	幼児向け手遊びや読み聞かせの開催
「ハンドの会」 主催：手づくり布絵本・ハンドの会	ほぼ第4金曜日 午前10時〜12時	布絵本や図書館展示布製品の手づくり作品の製作

（出所）田原市図書館サポーターズおおきなかぶ「おしらせ」http://www2.city.tahara.aichi.jp/section/library/info/okinakabu.html（最終アクセス：2021年3月10日）

「本ぴか隊」の活動は、ボランティアが月一回の館内整理日に集まり、絵本をはじめとした児童書を拭く作業を行う。この作業は社会福祉協議会からの依頼で、障がいを持つ人たちが職業訓練の一環として作業に加わることもある。手づくり布絵本の作成や図書館のこども室を飾る布製品を作成する「ハンドの会」の活動もある。また、「くぬぎの会」によるおはなし会の開催や、絵本の選書勉強会も定期的に実施する。さらに、子どもを対象とした工作教室の作業補助や、その他のイベント開催時の受付など、図書館からの要請によってさまざまなサポートも行っている。

(2) かぶ会議

二代目館長の豊田高広が二〇一〇年に就任してから、毎月一回、館長室で「おおきなかぶ会議」(以下かぶ会議)と称した月例会議を行っている。「かぶ会議」は、館長をはじめとした図書館職員とボランティアとの意見交換、話し合いの場となっている。図書館の運営や協働事業の企画など、さまざまなことが議題になる。図書館ボランティアは、地域の動きや情報に敏感であり、多くの人とつながりを持つ、言わば「地域のキーパーソン」である。毎回、田原市内や県内等でさまざまな活動をしている人を「かぶ会議」に招いて、市民と図書館とをつなぐ役割も担っている。

おわりに

図書館建設運動から始まった「フレンズ」の活動は、田原町の市民活動や行政との協働の先進事例となった。町内で三番目のNPO法人となった「たはら広場」は、文化会館のフリースペースに設けられた市民活動支援センターの業務委託を受けた時期もあり、市民活動やNPO活動の中間的な支援組織としての役割も果たした。「リサイクル・ブック・オフィス」をはじめとした「おおきなかぶ」でのさまざまな活動は、社会福祉協議会の依頼で就労支援者の訓練の受け入れ先となったり、フリースクールに通う一〇代の子どもたちがボランティア活動をしながら社会との接点を持つ機会をつくったりして、図書館だけにとどまらない活動を展開している。二〇年という活動期間の中で、「フレンズ」のメンバーも子育てや介護、転居、自らの病気などで活動を離れる時期があったり、病気で大切な仲間を失ったりと、すべてが順風満帆であったわけではない。ただ、「いつでもやれる人がやれる時に」という考えのもとで、多くの人たちの連携協力によって今日まで活動を継続、発展させてきた。

田原町図書館の建設が、町民による参加と、彼らと行政、設計者との協働で進めることができたのは、何より「フレンズ」のメンバーたちの働きによるところが大きい。彼らは意欲的に学び、そして学んだことを多くの人たちに伝え、さらに対話によってさまざまな人たちを巻き込みながら物事を進めていく姿勢を持ち続けてきた。その姿は、図書館が市民の自立を支援することにもつながっている。

参考文献

くぬぎの会『楽しさって文化なんだ　図書館を見学しておもうこと』くぬぎの会、一九九五年、三二頁
図書館フレンズ田原『活動記録第二集　図書館フレンズ田原二〇〇〇年』図書館フレンズ田原、二〇〇一年、四四頁
図書館フレンズ田原『たはらNPO活動企画コンペ・参加企画事業実績報告書　たはらフリースペースの有効活用について』図書館フレンズ田原、二〇〇二年、一〇四頁
図書館フレンズ田原『図書館フレンズ田原二〇〇一年〜二〇〇六年』図書館フレンズ田原、二〇〇二〜二〇〇七年
図書館フレンズ田原『活動記録・まずはじめ　図書館フレンズ田原一九九九年』図書館フレンズ田原、二〇〇三年、四〇頁
NPOたはら広場『図書館フレンズ田原⇓特定非営利活動法人たはら広場のこれまでの年表』NPOたはら広場、二〇一五年、五頁
田原町図書館建設構想委員会『田原町図書館の建設計画について――答申――』田原町、一九九六年、九頁
『田原町図書館及び生涯学習施設建設基本計画』田原町教育委員会生涯学習課、一九九八年、三二頁
「図書館単独で　田原の主婦グループ　町などに要望書提出」『中日新聞』一九九八年一一月二六日
「親しまれる図書館に　田原の町民グループ情報公開など要望」『東愛知新聞』一九九八年一一月二七日
「図書館建設文化会館敷地内に　田原町議会一般質問」『東愛知新聞』一九九九年九月八日
「地域住民の声大切に　新図書館建設で説明会　田原」『東愛知新聞』二〇〇〇年二月二七日

〈第7章〉

瀬戸内市民図書館がめざしたこと

嶋田　学（京都橘大学文学部教授）

はじめに

筆者は、二〇一一年四月から岡山県瀬戸内市の新図書館整備事業に館長候補者という立場で関わり始めた。このポストに就くにあたっては、市民による図書館整備を求める「要望書」の存在が極めて重要な意味を持った。市長、市議会に陳情された「要望書」は、議会の賛成多数で採択され、二〇〇九年に一期目をスタートさせた市長の公約である図書館整備事業を後押しすることになった。この「要望書」にはポイントとなる三つの柱があった。

一つ目は、図書館整備に関する情報公開を進めること。二つ目は、図書館整備プロセスにおいて市民を参加させること。そして、三つ目には、図書館の整備段階で経営経験のある専門家を全国公募し、開館後は館長に就任させること、であった。

筆者は、着任一週間後に、この要望書を提出した市民団体「ライブラリーの会」のみなさんと面会し、書面を見せられて正直なところ驚いた。図書館づくりや住民自治について相当見識の高い人々と、これから向き合いながら新たな図書館整備を進めていくことになるのだ、という覚悟を改めて心に刻んだ記憶がある。

1．「参加」と「協働」の基盤となる関係者の考え

（1）瀬戸内市と図書館について
―市長公約による図書館プロジェクトのはじまり

瀬戸内市は二〇〇四年一一月、邑久《おく》郡の邑久町、牛窓町、長船町の三町が合併して誕生した。人口は、三万六九七五人（二〇一五年 国勢調査）、総面積一二五・四六㎢で岡山県の東南部に位置し、西は岡山市、北は同じく岡山市、備前市と接している。

合併当時、瀬戸内市には旧牛窓町立図書館があったが、旧邑久町、旧長船町にはそれぞれ公民館図書室しかなかった。合併後、瀬戸内市立牛窓図書館と改称して引き継ぎ、唯一条例上の図書館となったが、二〇〇四年八月末の台風一六号による高潮で床上浸水の被害を受け、休館を余儀なくされた。その後、二〇一〇年四月には約一〇〇ｍ離れた牛窓町公民館の二階に移転

し、牛窓支所牛窓町公民館図書室として図書室を再開した。条例上の図書館を設置するため、邑久町にあった瀬戸内市立中央公民館内の公民館図書室を、瀬戸内市立図書館として位置付けた。しかし、市立図書館と名称は変わったものの、延床面積は一一八㎡、蔵書冊数は二万九〇四一冊であった。牛窓町公民館図書室も延床面積は四二二㎡あったが、蔵書冊数は二万五冊、長船公民館図書室に至っては、一〇八㎡、二万五二五七冊（いずれも二〇一〇年度末）であった。人口四万人弱とはいえ、市の図書館行政としてはあまりに貧弱と言わざるを得ない状況であった。

　こうした状況で、図書館整備などを公約に掲げた武久顕也《たけひさあきなり》が三代目の市長として当選した。武久は副市長を公募し、二〇〇九年一一月から桑原真琴が就任した。桑原副市長を統括として、二〇一〇年八月「図書館整備検討ワーキンググループ」が設置され、一〇月には、「瀬戸内市新図書館整備検討プロジェクトチーム」（以下PT）に格上げされた。チームに召集された職員は、副総括に教育次長、他に総務課長、政策調整課長、建設課主任、社会教育課長、社会教育課課長補佐、社会教育課主査、市立図書館長、市立図書館司書であり、事務局は政策調整課課長補佐が担当した。二〇一一年四月から、筆者が社会教育課課長補佐と入れ替わり、事務局メンバーに追加される形で参加した。

　「要望書」を請願した「ライブラリーの会」は、二〇〇一年に制定された「子どもの読書活動の推進に関する法律」を契機に活動が活発化した「おはなしボランティア」や、公共および学校図書館の司書、元市会議員などで構成された市民団体である。発足当初は、市内の学校図書館への司書配置を求める要求を展開していたが、一〇小学校と三中学校に計一〇名の学校司書が配置されたことを節目に、合併後の懸案であった公共図書館の整備について議論し、このたびの「要望書」の提出となった。なお、「ライブラリーの会」は、二〇一六年六月の新図書館開館と同時に発展的に解消した。

†市民参加による計画づくりの土台となった「基本構想」

筆者が着任した二〇一一年四月、PTでは「新瀬戸内市立図書館整備基本構想」の策定が進められていた。PTの議論では、整備プロセスに市民参加を実現させるとしても、まったくのゼロベースから議論することは、行政としては無責任であるから、検討の土台となる「たたき台」が必要だろうということで議論が進んでいた。

着任した筆者にPTメンバーからは、図書館の専門家として遠慮なく意見を出して欲しいという声がかけられた。筆者はかねてから、図書館情報大学名誉教授で元日本図書館協会理事長の竹内悊《さとる》先生が語っていた「持ち寄り、まとめ、分け合うこと」というフレーズが気になっていた。図書館づくりを進めるときに、その町に住む市民が、さまざまな情報ニーズや生活上の課題、あるいは夢や展望を図書館に「持ち寄り」、そしてそこで学んだり気付いたりしたことを市民相互で「分け合う」ことが出来るような「知の連帯のための広場」をつくれないだろうかと考えていた。PTの議論でこのことを提案すると、「持ち寄り」と「分け合い」の間に「見つけ」という市民による知の発見という要素を入れてはどうか、との意見が出て、「持ち寄り・見つけ・分け合う広場」（以下「もみわ広場」）という「基本構想」におけるメインコンセプトが立ち上がった。もみわとは、「持ち寄り・見つけ・分け合う」の頭文字を取った造語である。

そこで竹内先生にお手紙を書き、瀬戸内市の新しい図書館の基本理念に、先生のお考えをアレンジしたフレーズを使わせていただけないかとお願いをした。すると、竹内先生からすぐにお返事が来た。

自分の発語は社会に理解されない図書館をなんとかもっと良くするために、図書館員がそれぞれの考えを持ち寄り、そしてまとめ、分け合うことでお互いの仕事を高め合おうと呼びかけたものだ。瀬戸内市では、そのことを市民との関係において新たな図書館づくりの約束事として発しようとしている。それは、瀬戸内市のオリジナルな考えであるから、どうぞ遠慮なく発してください。

お手紙には概ねそのように書かれていて、大いに励まされたことを覚えている。かくして、二〇一一年五月末、「新瀬戸内市立図書館整備基本構想」(1)が公表された。

(2)　市民参加の価値基盤をつくった東近江市での経験

筆者は一九八七年から大阪府豊中市立図書館で司書としてのキャリアをスタートさせた後、一九九八年から滋賀県の湖東地域にある当時人口六五〇〇人（一九九五年 国勢調査）の旧永源寺町（現東近江市）で図書館を新設する準備室に転籍し、二〇〇〇年一〇月に新館オープンとなった。その後、二〇〇五年二月に、八日市市、神崎郡永源寺町・五個荘町、愛知郡愛東町・湖東町による市町村合併がなされ、東近江市立図書館の所属となった。その後、二〇〇六年一月、神崎郡能登川町・蒲生郡蒲生町を編入して現在に至る（人口は一一万四一八〇人（二〇一五年 国勢調査））。

当時、東近江市立図書館は、七つの自治体図書館を一つの市立図書館に整合するため、継続的に施策の調整や実務面でのすり合わせを行っていた。これまで合併前の町にはそれぞれ歴史文化や地域特性があった。しかし、新たに東近江市民となった住民は、合併を境に新たなまちづくりのために「東近江市らしさ」が求められることになった。

求められることになったというのは、合併以前の既存補助金等を整理して、旧町単位で「まちづくり協議会」（自治振興組織）を組織し、補完性の原理に基づく地域自治を進めていくよう市が住民に求める施策を展開したからであった。補完性の原理とは、自治などの問題解決を可能な限り小さな単位（市町村）で行い、対応が難しい部分のみをより大きな機関（都道府県や国）で補っていくという概念である。それぞれの地域で、まちづくりや地域振興など自主的にコミュニティ活動をしていた住民を中心に、各地の自治体職員たちの支援を受けながら、地域ごとの自治振興補助金の交付条件となる地域のまちづくり計画書を策定していった(2)。

このような状況下で、各地域の図書館に集っていた利用者団体なども、図書館での交流を活かしたまちづくり関連の勉強会や講演会などを図書館との協働で企画していく動きが出てきた。八日市図書館の利用者団体である「人と自然を考える会」を中心に、他の地域の利用者団体のメンバーも合流して、定期的な勉強会を実施していた。

当時、図書館員は、文部科学省が実施していた「社会教育活性化21世紀プラン」や「地域の図書館サービス充実支援事業」などの助成事業を原資に、市民のまちづくりに関連した興味・

関心に応えようとしていた。そのため、さまざまな地域活性化のための学習プログラムを市民と協働で企画し、運営した(3)。たとえば、二〇〇七年度に実施した「地域の図書館サービス充実支援事業」が挙げられる。この事業は、「課題解決につながる「市民力」「行政力」向上を図る図書館サービス充実事業」と題し、図書館と住民との協働によって進められた。具体的には、元鳥取県立図書館長を講師に開催したセミナー「もっとおいしい図書館の味わい方～図書館をパートナーにして〝情報通〟〝政策通〟になろう～」や、馬路《うまじ》村農業協同組合長を講師に迎えて行った講演会「ゆずからはじまった馬路村の村づくり地域づくり」などを実施した。

市民が「自分ごと」として地域づくりのために議論し、口だけでなく手も動かして自治を体現していく姿に、切実な当事者意識を感じた。

市町村合併は、その地域に暮らす人たちにさまざまな影響を与える。こうした変化の中で、図書館員として情報提供や財源調達も担いながら、図書館に集う利用者と一緒に協働して地域が抱える課題を分析し、その対応の方向性を議論し、新たなまちづくりのための活動を展開する場面に立ち会うことが出来た。このことは、図書館員としてのみならず行政職員としても、とてもよい機会となった。

(3)　武久顕也市長のガバナンス観

瀬戸内市生まれの武久顕也市長は、二〇〇一年から二〇〇三年までの間、イギリスのバーミンガム大学院で公共政策を学んだ。同校修了後、バーミンガム市役所でインターンとして、業績管理を行うセクションで仕事をしていた。トニー・ブレア率いる労働党政権下にあった当時のイギリスは、それ以前の保守党政権下で行われた民営化路線の反動が来ている時期でもあり、貧困や格差の問題が顕著となり、社会的排除と言われる状況が生じていた。武久市長は、「大学や職場の同僚と話をする中での、『民営化路線によって、人々の幸せが得られたわけではない』という言葉は今でも強く心に残っている。」と当時を振り返っている。(4)

その一方で、「官民協働事業の動きはいろいろとあり、学校や病院、道路建設のＰＦＩ(Private Finance Initiatives)による民間資金の活用や、官民協働による中心市街地の活性化事業など、民間の力を取り入れた新しい取り組みも行われていた。」と指摘し、「市場や競争の効果を過度に期待するのではなく、公共の役割を常に模索し、民間などさまざまな主体と協働して、信頼のネットワークによるまちづくりを行う」という考え方を重視していると語っている。(5)

帰国後、武久市長は、監査法人で自治体政策などのコンサルティング業務に従事し、多くの自治体政策と向き合った。さらに、関西学院大学専門職大学院経営戦略研究科の准教授を務めるなど、実務家としてだけではなく、アカデミアでの教育研究経験も積んでいた。(6)

武久市長は、瀬戸内市での図書館運営方法を巡り、公設公営か指定管理者制度による民営化を選択するかについて自身の考えを次のように述べている。(7)

「公設公営だからこそ出来ることは沢山ある。にもかかわらず、指定管理者制度や委託の方が優れていると評価されることは、公設公営で行うことによる安定感が、結果的に利用者からは刺激の少ない退屈なものに捉えられているためともいえる。図書館を通じて公共の力を十分に引き出し、魅力ある図書館づくりを推進する所存である。」

この文章は、瀬戸内市民図書館が開館する前年の二〇一五年四月に発表された。こうした考えを持つ市長のもとで、見識の高い「要望書」を提起した市民が参加して図書館整備事業を進め、さらには市民との協働によって図書館運営を目指すことは、当時の私たち職員にとってはこの上ない幸運であり、また緊張の連続でもあった。

2．市民参加による「としょかん未来ミーティング」

（1）参加の形式とその考え方

✝市民参加のスタイル

図書館の設置を要求する市民運動は一九七〇年代から起こり始めた。図書館の整備計画づくり自体に市民が参加する取り組みとしては、一九九四年に開館した大阪府熊取町立図書館の事例が挙げられる。「基本構想」の策定作業では、中学・高校生による検討委員会が組織されて、彼らの要望を引き出したり、設計段階から市民との意見交換を重ねて、設計後も対話の機会をつくり最終的に設計案を修正したりしたという。(8) 市民が相互に対話するワークショップ形式によって図書館の整備計画を進めた取り組みには岡崎市の事例(9)がある。

図1　「としょかん未来ミーティング」で意見交換する市民

　瀬戸内市では、図書館整備にあたり、徹底して情報公開を行い、計画策定にかかるプロセスでは出来るだけ市民が参加できる機会を設けるようにした。先に紹介した「新瀬戸内市立図書館基本構想」をたたき台として、市民ワークショップ「としょかん未来ミーティング」を開催し、「図書館で何がしたいか」「図書館に何を求めるか」といった切り口で市民同士でのディスカッションを重ねていった（図1）。

　一般に、市民参加による図書館整備計画を策定するには、「検討委員会」を設置し、行政が指名した市民が委員として参加するケースと、公募枠を設けて希望する市民が参加できるスタイルをとるケースがある。ただ、この委員会方式では、ごく限られた一部の市民にしか参加機会が開かれず、いわゆる「ガス抜き」との批判が寄せられることもある。

　そのため、市民に開かれた参加方式として、希望者が参加できる「ワークショップ」形式による意見交換の機会がつくられるようになってきた。このワークショップ形式は、「自由参加型」と「メンバー固定型」の二つに分けられる。参加のハードルを出来るだけ下げたいのであれば、「自由参加型」として日時、場所とテーマを案内し、誰でも自由に参加できるようにすることが最も効果的である。ただ、この方法では、数回にわたり継続的にワークショップを開催して、どのように計画案を練り上げていくかが課題となる。一方、「メンバー固定型」は、定員を決めて公募による固定された参加者によるワークショップを展開していくことで、メンバーシップの育成を通した継続的な議論の積み上げが効果的に行える。しかし、最初に募集した三〇名から五〇名程度の固定的なメンバーでワークショップを繰り返すため、メンバー以外の市民が議論に参加できないというデメリットもある。ワークショップに傍聴席を設けることで、議論の成り行きを見守ることはできるが、市民参加の度合いは著しく低下することになる。

†瀬戸内市でのワークショップスタイル

行政と市民双方のメリットのいずれを重視するのかによって、ワークショップの形式が変わってくる。瀬戸内市では参加のハードルを下げることを優先し、「自由参加型」を選択した。課題となる議論の継続性を確保するため、各ワークショップの初回に、前回の議論を振り返る時間を設け、途中回から参加した市民にも、議論の流れが追えるような工夫をした。

こうしたオープンスタイルのワークショップを企画した際に、他部署の同僚が諫言してくれたことがあった。すなわち、図書館整備に消極的な市民が来て、後ろ向きな発言をすることで雰囲気が悪くなるのではないか、といった憂慮である。もちろん私たちもそのことは考えたが、多くの市民に参加してもらおうと考えるならば、そうした考えも「市民の意見」として市民相互で共有され、尊重されるべきだと考えた。

実際には、平日の夜や土・日曜日の午後に開催される市民ワークショップに、わざわざ貴重な時間を割いて参加する市民は、基本的に図書館整備に前向きな人々がほとんどだった。そうは言うものの、やはり図書館への熱意の温度差から、多様な意見がテーブルを囲む市民同士で闘わされることがあった。

一二回実施した「としょかん未来ミーティング」の中盤、プロポーザルで選ばれた設計者を招いて、いわゆる間取りにあたる「平面計画」の設計図面を検討するワークショップを行った時のことだった。拡大した第一案の図面を囲みグループ内で意見交換していると、ある参加者が「これほどの規模が本当に必要なのか改めて考えるべきではないか。二四〇〇㎡でなくても、たとえば一五〇〇㎡程度にすれば財政負担も抑えられるのではないか」と主張した。これに対して別の市民が、「これまでの議論の積み重ねで、何をするためにどのようなスペースが必要で、それはどの程度の規模が妥当かという対話をしてきた。あなたが一五〇〇㎡でいいと言うならば、たとえば、どの機能をどのような規模にすることによって、一五〇〇㎡を妥当と言えるのか、根拠を聞かせて欲しい」と迫った。この問いかけに、その参加者は押し黙ったまま、それ以上主張することはなかった。

しかし、話はここで終わらない。ワークショップ終盤、各テーブルでの議論を参加者でシェアするグループ発表の時間でのことだった。前述したグループが発表する際に、財政負担を抑制するために延べ床面積を抑制するべきではないかという意見を紹介した上で、その考えに理解を示しつつ、しかしこれまでの議論の積み重ねとして、収蔵能力二〇万冊をベースに、集会スペースやカフェ、自習室やミーティングルームなど、さまざまな機能を含めて二四〇〇㎡という規模を妥当なものとして議論してきたことをお話しさせて頂いた、との報告をしたのであった。

私たちはこの報告を聞いて静かな感動を覚えていた。タイミングとしてはやや的外れな主張とも思える施設規模についての「少数意見」を無視することなく、そうした意見があることを紹介しながら、しかしこれまでの意見交換の中で確認し妥当としてきた議論を改めて振り返りつつ、理解を求めたのであった。

†市民とのコミュニケーションへの期待

私たちの中で市民ワークショップを実施する際に、ひとつの確信があった。それは、たとえ図書館整備に消極的な市民がいても、議論に参加し、意見を述べ、他者の意見にも触れることで、その経験自体がひとつの納得解としてその人の認識を形成するのではないか、という期待である。

地方自治は、地域住民が首長と議会議員を直接選挙で選ぶ二元代表制による間接民主主義に基づき政策決定がなされている。一方で、地方自治法における住民自治の理念は、議会制民主主義にすべて回収される訳ではない。住民が直接身近な政策決定に参加できる機会を設けることは、民主主義自体への信頼を醸成することにもつながると期待したい。

「民主主義の砦」と言われる公共図書館の政策決定プロセスにおいて、とりわけそうした価値を大切にしたいと考えた。このような姿勢で市民からの意見を「新瀬戸内市立図書館整備基本計画」(10)として積み上げていった。ミーティングに参加する市民の真摯な姿は、まだ見ぬ図書館を「自分ごと」として考え、対話し、自身の生活にやがて組み込まれるであろう図書館利用の日常を、手触りのあるものとして感じ取ろうとしているようだった。

(2) としょかん未来ミーティング《子ども編》を支えた中学生たち
―子どもたちに合った「参加のデザイン」をめざす

二〇一一年一一月の初回から、としょかん未来ミーティングには家族で参加する小学生や中学生の姿も見られた。しかし、そうした子どもたちにとって、そこで行われているワークショップは、参加しやすい日時や場所、または内容構成であったかどうかは定かでなかった。そのため、子どもたちが、新しくできる図書館について意見を述べたり語り合ったりするために、参加しやすいスタイルにしたいと考えた。

そこで、ワークショップのデザイン自体を考え、当日の運営も担ってもらう「としょかん未来ミーティング《子ども編》」の企画運営委員を広報誌で募集し、三名の高校生と一一名の中学生から応募があった。計三回の企画運営委員会を開いて検討した後、二〇一二年一一月一六日と一七日の週末にワークショップを開催し、七〇名の小中学生と高校生が参加した(図2)。

ワークショップは、企画運営委員会によって二部構成で実施された。第一部では、企画運営委員が市内中学校の全校生徒を対象に作成した、新図書館についてのアンケート調査の結果を報告するセッションを行った。第二部では、アンケート結果も参考にしつつ、参加者がＫＪ法を用いて「こんな図書館がほしい」というテーマでグループワークを行った。

アンケートの項目は、中学生の企画運営委員が考え、新図書館に望む施設や設備の具体例や、図書館の書架に置いて欲しい本のジャンルなどを問うものであった。企画運営委員は、アンケート結果をわかりやすくグラフで示し、具体的なアイデアもピックアップして魅力的なプレゼンテーションを行った。この中学生の声を集めたアンケートは、直接声を聞く機会の少ないティーンエイジャーのニーズを知る上で、私たちにとって貴重な一次資料となった。

図２「としょかん未来ミーティング《子ども編》」の様子

＋市内全中学校の声を届けたい

初回の企画運営委員会の席上、ある中学生の委員から、市内中学校で「全校アンケートを取りたい」という声が出された。自分たちは市内の中学生代表としてここに来ている訳ではないし、みんながどんなことを図書館に望んでいるのか知りたいというのがその意図であった。もっともな意見であり、また中学生の前向きな姿勢に、私たち職員も逆に鼓舞された。

しかし、委員の中学生の大半は高校受験を控えた三年生であった。委員会の初回はまだ晩夏ではあったが、アンケートの作成、集計と分析の作業負担を考えると即座に首肯できなかった。この活動はあくまで社会教育事業であり、子どもたちにとっては学校教育外での参加となる。また、全校生徒へのアンケートを行うとなると、学校教育事業の領域に入ることになるため、各中学校の校長の了解はもとより、教育委員会の学校教育所管課の理解も取り付ける必要があった。ワークショップの実施にあたり、子どもたちの考えを取り込むために組織した企画運営委員会からの意見ではあったが、私たちは委員から出された意見の実行には慎重な姿勢で臨んだ。

しかし、中学生の委員は、「多くの質問をする訳ではないし、集計などは図書委員の仲間にも手伝ってもらうのでそれほど負担ではないです。」とにこやかに即答した。

これから立ち上がろうとしている新しい図書館に対する純粋な期待と、クラスメイトがどんな図書館をイメージしているのだろうかという中学生たちの好奇心に、私たちは強く心を打たれたことを覚えている。後日、市内の各中学校の校長に事情を説明し、アンケート調査を校内で実施させて頂けないかお願いに上がった。すると、「ぜひやりましょう」と校長たちは賛意を示してくれた。同時にすべての校長が異口同音に「どうぞ、子どもたちの意見を一つでもいいので、新図書館で実現させてやってください」と言ってくれた。

アンケートやワークショップで出た意見をもとに、少人数で勉強やおしゃべりができる「チャットルーム」を実現させた。このほか、館内にWi-Fiを完備し、タブレット端末の貸出を行い、さらにライトノベルのコーナーを展開することができた。

（3）市民による寄付集めからイベントの企画・運営まで

議会では、図書館整備にかかる議論の中で懸案となっていたのは施設の規模であった。当時、瀬戸内市では、老朽化した病院の建て替え事業も同時進行していた。そのため、議員は図書館整備に対して総論では賛成という立場を取りながらも、財政負担を巡っては慎重な意見が出ていた。

　こうした議会での議論を受けて、瀬戸内市のおはなしボランティアのネットワーク組織「パトリシアねっとわーく」に集う住民は、少しでも図書館整備に経済的支援をしたいと申し出た。そして、図書館づくりをアピールするステッカーを製作し、手売りで四〇〇〇枚を売り上げ、経費を除いた四〇万円を図書館整備基金に寄附するという大きな動きがあった（図3）。

図3　「パトリシアねっとわーく」が販売した図書館ステッカー

　同時に、なんとか図書館づくりを成功させようと市民有志が集まり、市内の公民館を巡回して「ブックイベント～つなげよう・みんなの大好きな本～」という本の紹介パネル展を実施した。この企画に賛同した市民が、おススメの本と一緒に写った自画像の写真を数百点展示した。中には、幼稚園単位、小学校のクラス単位で参加してくれるグループもあり、瀬戸内市の市民あげて図書館の誕生を心待ちにしている様子がうかがえた。

このような活動を展開する市民の言葉には「私たちの図書館」というフレーズがたびたび登場した。「私たち」が参加して「私たち」がつくる「私たち」の図書館だから、資金に不安があるなら少しでも何とかしよう、という思いが沸き上がったのだと思う。

その時、筆者の頭にはひとつの言葉が浮んでいた。それは「当事者意識《オーナーシップ》」という言葉である。自分たちのまちの図書館のことは自分たちが考える。そして、必要であれば行動を起こす。市民の活動と言葉に触れて、そのような思いが伝わってきた。

3. さまざまな市民との協働を生む新図書館

(1) としょかん未来ミーティングがつくった人の輪

片山善博氏（早稲田大学教授、元総務大臣）の講演会や竹内先生のセミナーなどの学習会的な企画も合わせ、一二回を数えたとしょかん未来ミーティングは、さまざまな市民の参加を得て、図書館の完成を心待ちにする人々をゆるやかにつないでいった。その典型となる出来事は、市民から図書館づくりを盛り上げるイベントの企画が持ち上がったことである。

図書館がまだ開館する前から、新しくできた図書館でこんなイベントをしたいという市民からの提案に、図書館が協働事業としてコラボレーションしたもので、「BOOKブックこんにちわ！」[11]と名付けられた（図4）。

二回目からはテーマを「本×○○」と設定して、本を通してさまざまな文化との出会いを楽しめるイベントとした。

会場も図書館整備予定地に隣接する瀬戸内市中央公民館をはじめ、長船地区の公共施設も利用し、出来るだけ多様な市民に参加してもらえるよう調整した。

これまでのテーマは、第二回が「本と映画」、第三回が「本とアート」であった。第四回は、待ちに待った二〇一六年六月の新館オープン後に「本と夜と音楽と」と題し、閉館後の二一時まで「ナイトライブラリー」として開催された。「ナイトライブラリー」では、サービスカウンター前をステージにしてシャンソンのライブ演奏を行ったり、カフェスペースで利用者有志がドリップコーヒーをサービスしたり、子どもたちのために影絵を上演したりして、夜ならではのさまざまなアクティビティを実施した。

図4　図書館開館前に市民との協働で行ったブックイベントのチラシ

こうした文化イベントや、おはなしボランティア「パトリシアねっとわーく」との共催事業が、図書館の主催事業も含めて数多く実施されるようになると、図書館を利用する他の市民からも、持ち込み企画による文化イベントの提案が寄せられるようになった。

市民から提案が寄せられることは大変ありがたいことではあるが、図書館がその企画を事業として採用するか否かを個別に判断することは実に難しいことであった。なぜなら、「あの人の提案は通って、なぜ私の提案はダメなのか」といった悶着が生じる可能性があるからだ。そのため、提案を寄せてくれた市民に向けて納得性のある採択基準を提示する必要があった。そうしたことはいかにも堅苦しいし、業務の負担ともなる。しかし、市民からの提案は一切受け付けないとするのもまったく愚かしい判断である。

市民がやりたいことは、市民相互によるコミュニティでの対話によって、市民発意の事業として編成してもらうスキームが、図書館という公共施設で事業を展開するためには不可欠であった。これにより、公共施設で市民協働による事業を実施する際の正当性と公正性が担保されると考えた。

折しも、としょかん未来ミーティングに参加していた市民から、「図書館友の会」（以下「友の会」）を立ち上げてはどうかという提案が図書館に寄せられた。二〇一六年六月のオープンから夏を越した初秋、「友の会」の設立について、市民有志と話し合いを持ち始めた。

（2）地域文化である「糸操り人形劇」団体との協働

瀬戸内市は、糸操り人形師であった竹田喜之助の生誕の地である。喜之助が率いた竹田人形座は、一九七〇年の大阪万博において「住友童話館」で「つる」を連日公演し話題となったほか、一九六〇年代のテレビ人形劇にも多くの作品を残した。

しかし、喜之助は一九七九年八月、交通事故に遭い、五六歳の若さで急逝した。竹田人形座は活動休止に追い込まれたが、喜之助を慕う地元邑久町の住民を中心にアマチュア人形劇団が編成された。一九八八年より毎年八月の第三土・日曜日に、糸操り人形劇を中心とした「瀬戸内・喜之助フェスティバル」が開催され、プロ劇団も招いて人形劇の祭典が行われている。

瀬戸内市民図書館では、地域郷土資料の展示機能も融合しようという計画が検討された。そうした中で、としょかん未来ミーティングに参加していたアマチュア人形劇団のメンバーが、地域文化の拠点として、竹田喜之助の人形展示とアマチュア人形劇団の上演を新図書館の集会施設で展開することなどを提案した。このアイデアは、他の市民からも支持され、喜之助の弟子であった鈴木友子氏の協力も得て、「喜之助ギャラリー」と「喜之助シアター」という人形劇の上演ができる多目的会議室として実現した。開館以来、毎月第一日曜日の午前、アマチュア人形劇団による人形劇公演が無料で開催されており、その上演回数は二〇二一年三月で四五回を数える（図5）。

図5　アマチュア人形劇団「びっくりばこ！」の上演後の様子

市民による地道な活動は、子どもや高齢者の楽しみとなっているだけでなく、地域文化を継承していくという重要な取り組みとして大きな意義を持っている。図書館と市民が役割分担する中で、その土地でしか残せない文化を協働という形で活かし続けている。

(3) 図書館友の会「せとうち・もみわフレンズ」との協働

†「友の会」立ち上げまでの経緯

二〇一六年の年末、「友の会」の設立を検討していた市民有志と図書館とで今後の展開について意見交換の場を持った。設立にあたり、図書館からお願いしたことがあった。それは、設立の呼びかけを図書館からさせて欲しいということであった。

「友の会」は、図書館や本などを中心とした文化事業や、図書館運営において、市民の立場で関わってもらう有志の組織である。設立にあたり、発起人の連絡先を明記するとどうしても属人的にならざるを得ない。その人がどのような人物であれ、市民の中には、図書館はどうしてあの人物を代表として「友の会」の設立を呼びかけたのか、という疑問を持つ可能性を否定できない。

そのため、最初の呼びかけは図書館から行うことにした。設立総会が二〇一七年一月に開催され、その結果、二六名の参加があり、うち一二名が、今後の活動を軌道に乗せていく運営委員に名乗り出た。「友の会」設立を検討してくれた市民が「せとうち・もみわフレンズ」（以下「もみわフレンズ」）という名称を考案し、参加者の承認を得て発足した。

†「もみわフレンズ」と館長との関係性

毎月第一金曜日には欠かさず運営委員会が開催され、図書館での文化事業の企画立案や、図書館の植栽帯の美観活動、会員拡大について、侃々諤々の議論が繰り返された。

運営委員会には、初回から館長であった筆者もオブザーバーとして陪席するのが常であったが、議論の状況によっては館長も意見を求められたり、逆に館長から意見を具申させてもらったりすることもあった。

特に、筆者が運営委員のみなさんにお願いしたことは、さまざまな事業企画案の評価や妥当性について、館長に価値判断を求めないで欲しいということだった。図書館では、施策の優先度や、サービスの課題について説明することはある。しかし、文化事業として講演会をする際に、この講師でいいかというような問いかけには、「どうぞみなさんでご判断ください」と回答を避けた。なぜなら、具体的な示唆を伴う回答は、運営委員の主体性や自主性を損なうことになるばかりか、対外的にも「この企画は館長が承認済み」という印象を与えかねず、市民による「友の会」であることの存在価値が揺らぐことになるからだ。運営委員から個別の相談を受けた際にも意見交換はするが、たとえば新しい事業企画案の書類をもとに「これでいいですかね」という問いかけには、「運営委員会で合意を取ってください」とお願いした。

館長は、「友の会」の活動での意思決定や合意形成には参画しない、ということを厳に自分に言い聞かせていた。よそよそしいと思わないこともなかったが、会是を「図書館への協力と提言」と定めている自律的な市民組織の意思決定に、館長がお墨付きのようなものを与えるのはお門違いだと考えてのことであった。

†さまざまなテーマを多様な切り口で企画する「もみわフレンズ」

発足二年目に入った二〇一八年、瀬戸内市では市の課題を市民との協働により解決していこうという主旨で、「瀬戸内市協働提案事業補助金採択事業」(12)が始まった。市の課題を六つのカテゴリーに分け、それぞれに所管課が協働窓口となり、パートナーとなる市民から事業の企画を募り、有識者等で組織された審査会において企画内容を公開で審査した。

「もみわフレンズ」は、六つあるカテゴリーの中から「文化の香るまちづくり」という課題に、図書館を協働パートナーとし、「せとうちルネッサンス 市民から広げる瀬戸内市の文化」という事業提案を行った。具体的な企画案の一端を紹介しよう(13)。

・図書館の開館アニバーサリーイベント「もみわ祭」の開催（図6）。
・子どもたちのふるさと教育のための「瀬戸内市ふるさとかるた」を図書館の郷土歴史資料を使い、市民参加で製作する事業。
・高齢者の会員による「いっしょにあそぼう！むかしあそび」という遊びの伝承イベント。
・瀬戸内市出身の戦国武将・宇喜多直家と秀家親子の足跡を学ぶ「岡山の戦国時代――瀬戸内発、岡山城下を造った、宇喜多一門――」という子ども向け学習会。

これらの企画案は無事に採択された。この年、「もみわフレンズ」と図書館は、一一の行事を協働により開催し、延べ一五一〇名の参加者を得た。この成果で勢いのついた「もみわフレンズ」は、二〇一九年度も「瀬戸内市協働提案事業補助金採択事業」にエントリーし、「発見！発掘！瀬戸内市の『お宝』」という郷土資料や文化財の保存と活用を目的とした事業が採択された。

発足三年目にあたる二〇二〇年度は、「育て！郷土愛と表現力〜瀬戸内市の文芸や絵画の歴史を知ることから〜」で採択を受けた。この事業では、郷土をモチーフとした創作詩を公募し、三五九点の作品が寄せられた。それらを詩集として五〇〇部出版し、県内の教育機関や文化施設に寄贈した。

図6　「もみわフレンズ」との協働事業「もみわ祭」のひとコマ

「もみわフレンズ」に集う市民は、図書館を拠点に地域や郷土の学びを重視しながら、図書館の情報資源と司書や学芸員をフル活用し、意欲的な活動を展開している。その姿は、図書館員にとって大きな刺激になっており、さらに来館する市民にも瀬戸内市には豊かな教育文化が存在していることを感じさせてくれる。

おわりに

二〇〇〇年代に入り、地方分権の推進が叫ばれた当初は、市民の「参加」と「協働」は、目指すべき自治の価値として、ある種、目的化されていたところがあった。しかし、複雑化、多様化した現代社会においては、もはや選択の余地のない至上手段と言ってもいい状況となっている。

こうした状況下では、複雑な問題をありのままに受け止め、その複雑さを多様な人間関係の中で共有し、多くの他者が「思考」し、それを持ち寄り「対話」することで問題の多様な観点に気付く必要がある。私たちには、それらを理解して分け合うことで、それぞれの「思考」に立ち戻っていくというスパイラルが求められているのではないだろうか。

人が自身の生を幸福で価値あるものと感じながら生きるためには、さまざまな「知」から学び、それらにもとづく気づきの中で自身の「思考」を深め、行動を差配していくことが必要である。さらには、そのように生きる他者との相互理解によって関係を築き、互いを尊重し合う中で社会を形成していくことが求められている。

図書館は、過去からの「知」の集積体である書物を伝統的な資源としつつ、多様な情報資源へのアクセスを保障する公共施設として、人々の生を支えることが使命である。さらには、社会を形成する人々の「対話」を促進し、そのことを通して個人の「思考」を支援し、人々による社会構成と幸福実現に寄与することが究極の役割である。

そのような図書館は、自治体における民主的な財政運営に担保された図書館行政を基盤に、図書館での学びと気づきをより有機的なものとするために、人的交流を促進することによって存在している。これは、書架に佇む本や光ファイバーを往来するデジタル信号にはできない仕事である。

人と人とをつなぎ、「対話」をもたらすことにこそ、人々の自由で能動的な「参加」と「協働」が求められる。それは、人にしかできない営みである。瀬戸内市民図書館は、そうした営みが現れる「場」と「機能」を提供することをめざしている。

注・引用文献

（1）「新瀬戸内市立図書館整備基本構想」瀬戸内市、二〇一一年、二七頁 http://lib.city.setouchi.lg.jp/kihonkousou.pdf（最終アクセス：二〇二一年二月六日）

（2）阿部圭宏「東近江市における「まちづくり協議会」の可能性」『地方自治職員研修』三九巻一一号、二〇〇六年、四二―四四頁

（3）「東近江市立八日市図書館」『「地域の図書館サービス充実支援事業」に関する調査結果報告書』文部科学省生涯教育政策局、二〇〇九年、七一―七八頁 https://www.mext.go.jp/a_menu/shougai/tosho/houkoku/1282544.htm（最終アクセス：二〇二一年二月六日）

（4）武久顕也「まちづくり、人づくりの拠点にしたい・私が新瀬戸内市立図書館を公設公営にした理由」『出版ニュース』二三七六号、二〇一五年、四―九頁

（5）前掲（4）

（6）「武久顕也」『フリー百科事典ウィキペディア（Wikipedia）』https://ja.wikipedia.org/wiki/%E6%AD%A6%E4%B9%85%E9%A1%95%E4%B9%9F（最終アクセス：二〇二一年二月六日）

（7）前掲（4）

（8）山本健慈「住民参加の図書館づくり、図書館運営」『住民と自治』六九二号、二〇二〇年、二二—二四頁。なお、市民参加による図書館整備の事例研究としては、嶋田学、常世田良、家禰淳一「図書館計画づくり、運営における市民協働の現状と今後の展望：事例を中心にして」『図書館界』七二巻二号、二〇二〇年、八二—八八頁がある。https://ci.nii.ac.jp/naid/130007891757（最終アクセス：二〇二一年二月二六日）

（9）岡崎市では、二〇〇四年度から開館までの四年間に市民参加型のワークショップを二五回開催したことが、山田万知代「蓄積と協働 岡崎市立中央図書館のこれから」『あうる』八六号、二〇〇九年、一四—二一頁で確認できる。

（10）「瀬戸内市としょかん未来プラン〜持ち寄り・見つけ・分け合う広場〜（新瀬戸内市立図書館整備基本計画）」瀬戸内市、二〇一二年、二四頁 https://lib.city.setouchi.lg.jp/setouchi_lib/images/setouchi_lib_mirai_plan.pdf（最終アクセス：二〇二一年二月六日）

（11）「ＢＯＯＫブックこんにちわ！」https://bookbooksetouchi.tumblr.com/（最終アクセス：二〇二一年二月六日）

（12）「瀬戸内市協働提案事業補助金」瀬戸内市 http://www.city.setouchi.lg.jp/kurashi/soshiki/sogoseisakubu/kikakushinko/setoutishikyoudounomachidukuri/kyodoteianjigyo/index.html（最終アクセス：二〇二一年二月六日）

（13）「もみわフレンズ」の活動報告については、二〇二一年二月六日に運営委員会の水田事務局長にメールで情報提供を依頼し、総会時に会員に配布される関係資料の提供を受けた。「もみわフレンズ」の活動状況は、総会資料などの掲示はないものの、以下のFacebookページに詳しく掲示されている。https://www.facebook.com/momiwasetouchi/（最終アクセス：二〇二一年二月六日）

参考文献

横山ひろみ「「持ち寄り・見つけ・分け合う広場」の実現をめざして――新瀬戸内市立図書館整備基本構想」『みんなの図書館』、四二五号、二〇一二年、四―一〇頁
嶋田学「持ち寄り・見つけ・分け合う広場」を目指して――瀬戸内市の新図書館づくり」『図書館界』、六四巻六号、二〇一三年、四二四―四二九頁
猪谷千香「市民とともにつくる公設民営の瀬戸内市民図書館」『LRG＝ライブラリー・リソース・ガイド』、一六号、二〇一六年、一一四―一一九頁
横山ひろみ「図書館のない『まち』に図書館ができて――瀬戸内市民図書館『もみわ広場』の誕生とその後」『図書館雑誌』、一一二巻四号、二〇一八年、二五二―二五三頁
嶋田学「瀬戸内市民図書館「もみわ広場」の実践とこれから」『月刊社会教育』、六二巻二号、二〇一八年、三―八頁
嶋田学『図書館・まち育て・デモクラシー――瀬戸内市民図書館で考えたこと』青弓社、二〇一九年、二八五頁
嶋田学「公募図書館長のリーダーシップ――瀬戸内市民図書館の取り組み」永田潤子、遠藤尚秀編『公立図書館と都市経営の現在――地域社会の絆・醸成へのチャレンジ』日本評論社、二〇二〇年、七七―九〇頁

〈第8章〉
市民と歩んだ「えんぱーく」づくり

伊東直登（松本大学図書館館長／教授）

はじめに

「機能融合」。この言葉は、塩尻市立図書館（長野県）の本館が入る複合施設「えんぱーく」における活動・運営の基軸となる言葉として、開設準備の中で生まれた。当時、複合施設の「連携」が、言葉だけのスローガンに終わっていることが多々あるとの認識から、自らを鼓舞し、その覚悟を表した言葉だったとも記憶している。さまざまな人や組織、産業や文化などが混ざり合うことで、新しい仕組みが生まれる。それを社会に提供し、発信するような新しい市民サービスを創出したいという思いがあった。そうした思いは図書館も社会のさまざまな分野とつながって、ビジネス支援をはじめとする幾多の新しい図書館サービスを提供する。時々の状況に応じて繰り出された市民参加・協働は、そうした多様なつながりの一つと言えるだろう。

ここでは、市民と行政とのかかわりや活動に焦点をあてながら、塩尻市立図書館（以下、図書館）を含めたえんぱーくの開設を振り返ってみる。なお、えんぱーくを主体にした記述が多くなるが、機能融合の理念により、図書館のことでもあるとご理解いただきたい。

1．市民参加と協働によるまちづくり

二〇一〇年七月、えんぱーくは開館した。遡って二〇〇二年、「市立図書館の在り方検討ワーキンググループ」（以下図書館WG）の設置が、市により決められた。この施策は、ハード・ソフト両面での新しい図書館づくりに向けた始点と捉えられる。新しい図書館の開館に至るまでの議論や取り組みには、八年の歳月を費やした。

この時期、塩尻市は施策として「市民参加による市政運営」を進めていた。すなわち、「協働のまちづくり」である。従来から行政が担ってきた自治体運営に協働の理念を持ち込むには、行政側の積極的な方向転換と、それに連動した市民の積極的な関与が不可欠となる。えんぱーくは、不断に試みられた行政による市民参加・協働の施策と、それに対する市民の関与によってつくられたと言える。

えんぱーくは、後述するように公募で付けられた複合を目指す施設全体の愛称である。これ

に対して、塩尻市市民交流センター（以下市民交流センター）は、条例によって設置されている当該施設の約九割を占める公共施設および行政組織の名称である。

2．新図書館建設に向けた動き

（1）市立図書館の在り方検討ワーキンググループの設置

二〇〇二年秋、市民参加による協働の市政運営を掲げた小口利幸氏が市長に当選し、新たな市政が始まった。市民参加の具体的な手法として、いくつもの施策が打ち出された。具体的には、市長が自ら地域に出向いて市民と語り合う「飛び込み市民会議」、市の懸案事項について市民が話し合う「ワーキンググループ」（以下WG）、市長に直接声を届ける「市長への手紙」、インターネット上に設けられた市民の要望を受け付ける「声の広場」、市民からの提案を事業化する「提案公募事業」、そして市民協働を進める部署の設置などが挙げられる。えんぱーくの建設および運営にかかわる一連の市民参加は、こうした施策のもとで行われていった。

諸施策の中で、図書館が初めて議論の俎上に載せられたのは、四つ設けられたWGの一つに、図書館が掲げられたことによる。それが、前述した図書館WGであった。ほかのWGには、中心市街地の活性化WG、常設型住民投票条例WG、ごみダイエットWGがあった。いずれのWGも二〇〇三年度の一年間をかけて議論を行った。

図書館WGは、公募による市民二一名で構成された。活動は、委員報酬が無いボランティアとして行われ、検討会議のほかに視察や研修も含めて、一年間に三三回開かれた。その成果として、二〇〇三年度末に報告書『市立図書館の在り方ワーキンググループ提言書　市民の暮らしに生き、こころを育む～塩尻らしい図書館～』（以下提言書）としてまとめられ、市に提出された。この間、事務局は図書館が務めていたが、市からは議論の方向性や課題は示されなかった。すべての議題は、市民の関心が赴くままに図書館のあり方について話し合いが行われていった。

当時、市には新しい図書館を建設する構想はなかった。したがって、図書館WGの設置とそこでの議論は、建て替えを前提にしたものではなかった。事実、提言書では新しい図書館について積極的な議論は行われていない。ただし、当時、塩尻総合文化センターの三階に所在し、狭隘で使いづらい状況であったことを課題の一つとして取り上げ、新図書館計画を市の総合計画に位置付けるよう要望していた。提言書には、新しい図書館の設置場所として、市内の五か所が候補として挙げられた。えんぱーくが建設されることになった場所もその一つであった。こうした流れの中で、えんぱーく建設の火が灯った。

当然ながら、提言書の内容は、従来の図書館サービスの充実や拡充を求めるものが多かった。その中で、従来にはなかった提案として、外部からの館長招へいがあった。これまで長野県の行政風土には、図書館長に限らず外部から専門性の高い技術や知見を持った職員を中途採用する慣習はほとんどなかった。しかし、この提言は、後述する二〇〇五年度に策定された図書館基本計画に継承され、市としては初めて、二〇〇七年に図書館での豊富な勤務経験を持つ図書館長の招へいが実現した。

（2）図書館建設の是非を問う議論の始まり

提言書を受けて二〇〇四年度に、市は中心市街地の活性化WGの提言と合わせる形で、図書館を含む市民交流センターを、JR塩尻駅近くの中心市街地に建設する構想を示した。これに対して、駐車場の不足や図書館を市街地活性化の手段とすることへの反発などから、図書館WGの一部メンバーを中心に反対運動が起こった。

提言書の中で、「図書館へのねがい」として示された項目の中に、「緑の環境に囲まれた図書館」がある。振り返ると、ここから始まった議論は、静かな読書の場を追求する図書館か、多様な情報活用が行われる図書館か、という図書館のあり方そのものへの重要な問題提起であったと言えよう。しかし、それは、箱物批判へと形を変え、政治的論争へと発展していくことになった。この論争は、その後二年余にも及んだ。以下では主な議論の場を追ってみよう。

†飛び込み市民会議の開催

二〇〇五年度に実施された飛び込み市民会議では、「市街地総合再生計画」を主なテーマとしながら、実際には市民交流センターの建設に多くの議論が充てられた。会議は、市内四二か所で開催され、計一五〇〇名余の市民が参加した。二〇〇四年度から始まった飛び込み市民会議は、市や各地域の課題について、市長や担当部課長と市民が直に話し合う場として設定されたが、二年目となるこの年は回数も大幅に増え、市全体を巻き込んで市民の関心を高めていった。設置に反対する市民はどの会場にも出席して意見を述べたので、参加者は賛否両論を聞くことができ、理解を深める契機になった。

前述のように、市民交流センターの建設に反対する意見の始まりは、図書館のあり方への問題提起であった。しかし、この時期には、議論の本流は図書館から離れ、市民交流センターという箱物建設の是非へと移行していた。こうした時期にあって、図書館に関心を持つ市民の中では、読書に特化した図書館ではない図書館のあり様が、これからの図書館の方向として徐々に語られるようになり、その動きは基本計画の策定と重なっていくことになった。新しい図書館のあり方への手探りが始まった時期と言える。

†図書館基本計画の策定

二〇〇四年度に、市は「第四次塩尻市総合計画」（以下総合計画）を策定した。教育委員会は、二〇〇五年度に総合計画の下位に位置付けられる図書館基本計画（以下基本計画）を策定した。基本計画の策定は、公募を含む市民一二名から成る「塩尻市図書館基本計画策定懇話会」（以下懇話会）で進められた。懇話会では一四回の会合と、同じく一四回の小委員会が開催された。並行して、図書館職員による検討会も開かれ、基本計画はより具体的な内容となっていった。

基本計画の策定は、市としては初めてのことであった。策定の時期は、市民交流センターの建設にかかわる議論が行われた二〇〇四年度から二〇〇五年度の二年間のうち、二〇〇五年度であった。市民交流センター建設の是非を問う議論の先に、新図書館の設置があるとすれば、そのための準備を怠ってはならないという意識を持って進められた。懇話会の委員の中には、図書館ＷＧにも属して市民交流センターの建設に反対している市民もいた。ここには、さまざまな意見を包括し、新しい図書館像を見つけようとする姿があった。それは、異なる考え方の中から何かを選ぶのではなく、すべてを包み込んでより大きな価値を持つ図書館をつくろうという姿勢であり、機能融合の萌芽とも言えよう。

基本計画では、図書館が備えるべき床面積、機能別面積、目標資料数、資料購入予算、設計・建築の進め方など、明らかに新図書館にかかわる記述が一一頁に及んでいる。さらに、提言書が提案した館長公募のほか、新図書館が実現した雑誌四〇〇タイトルを受け入れることなども、目標として設定されていた。

╋市議会での議論

市民交流センター整備の是非を巡る市民の活発な動きの中で、市議会も中心市街地活性化対策特別委員会を中心に活発な議論を行った。最終的に、二〇〇五年一二月、「市民交流センター整備の基本方針」により、事業手法、主要施設、市の負担額などを決議して事業化への賛意を示した。同時に、市民の中に反対意見があることを考慮して「付帯決議」がなされた。そこには、「あらゆる機会を通し、丁寧でより具体的な説明を重ね市民の理解を得るために最善を尽くして」いくこと、「具体的な計画段階から市民が参加し、建設的な意見が反映できるよう配慮する」ことが盛り込まれた。

二〇〇六年三月の市議会定例会において、市民交流センターにかかわる予算が可決され、事業は具体的に動き始めた。図書館WGの設置が決まってから三年半が過ぎていた。

3．施設整備とともに歩んだ市民活動

(1) 市民交流センター開設準備室の設置と創造会議の開催

市民交流センターの整備事業が具体的に動き始めてから完成までに、約四年半の歳月を要した。その間、さまざまな市民参加の仕組みや機会をつくることで、市の内外に向けた積極的な情報発信を行い、市民に市民交流センターを認知してもらい、市民の誇りとなるような試みがなされた。

二〇〇六年四月、市民交流センター開設準備室（以下準備室）が設置された。準備室は、まず市民が中心となり市民交流センターについて議論を深めるために、「創造会議」という検討のための会議を開始した。市民交流センターでは、これまでの議論の中で、すでに「図書館」「子育て・青少年」「シニア」「ビジネス」「市民活動」の分野で各機能を発揮した五つの事業を実施することが決まっていた。創造会議は、五つの事業において積極的に活動する市民や専門家が事業ごとに六名、計三〇名により構成された。第一回の会議は二〇〇六年五月に開催され、二〇〇八年五月に役目を終えて解散するまでに、計一一回の全体会議が開かれた。このほかに

図1　創造会議での分野別ワークショップ

視察や研修会、部門別会議が行われた（図1）。

創造会議は、前述した全体会議と部門別会議を繰り返しながら、『塩尻市市民交流センター建築構想』（以下建築構想）と、『塩尻市市民交流センター運営管理方針』（以下運営管理方針）の二つを策定した。創造会議は、建築構想を策定したときから、市民への広報活動を本格化した。二〇〇六年八月、広報誌『創造通信』（第一号）を発行した。A4サイズ四ページで構成され、えんぱーくが開館する二〇一〇年七月に終号（第二三号）を迎えるまで市内の全戸に配布された。

建築構想は、街づくりを踏まえた市民交流センターの施設としての指針であり、設計プロポーザルの参考資料となった。運営管理方針は、検討にあたり創造会議で多くの時間を費やした。なぜなら、箱物批判への回答を示すためには、建築の中身で反対者の納得が得られる施設を創出するしかないからであった。あらゆる市民が、高品質のサービスを享受でき、施設を活用できるよう施設運営のあり方について議論が続けられた。基本コンセプトは、「知恵の交流を通じた人づくりの場」と定められた。知恵は、図書館に集積される情報やここに集う人々が持つ英知すべてを指す。それらが前述の五つの機能を介して交わり、行きかう活動の中で人が育てられる、そうした場の創出を願っていた。この時、市民交流センターで行われる前述した五つの事業がかかわり合わなければ、交流の効果は生まれない。そこで、五つの事業が相互に積極的にかかわり合いながら、全体の機能の一体化を目指す機能融合の考え方が生み出された。図書館空間も、従来の読書空間を求める考え方も含めたさまざまな意見を幅広く取り込み、より多くの市民が活用できる施設を目指すことになった。

また、市民協働の将来形として、「公設市民営」の考えもここで生まれた。市民交流センターは、もともと協働によるまちづくりの施策から生まれた。えんぱーくは、建設事業と当初の施設運営は市が行うが、将来は市民が交流の中で力を蓄え、市民によって運営されることが期待された。運営管理方針には時期は明記されていないが、将来の市民営を意識した市民によるサポート組織の設置や、市民によって施設の愛称を決めることなどが謳われた。

（2）設計者の決定

建築構想や基本計画をもとに、二〇〇六年の秋に設計プロポーザルが始まった。プロポーザルは指名競争ではなく、全国からの公募により行われた。プロポーザルを全国に向けた情報発信の一つと捉えたのだ。結果、全国から一九一件の応募があった。市は、A1版にまとめられた提案書をすべて公開展示し、選考委員会では市民の意見も参考にされた。

選考委員会は、建築および図書館の専門家六名から構成された。一次選考会で五案が選ばれ、二次選考会で決定した。二次選考会では、設計者によるプレゼンテーションとそれを踏まえた

図2　市民が見つめる設計プロポーザル二次選考会

選考委員間での議論、そして採決に至るすべての過程が、会場の塩尻市保健センター市民交流室に集った市民の前で公開された。最後に残った二案に対して、委員六名の意見が半数に分かれたため、予定時間を大きく超過して選考委員会は続けられた。最後に決め手となったのは、図書館は一階にあってほしいという市民からの声だった。そのすべての議論と、途中で何度か行われた採決の一部始終、そして最後の設計案決定の瞬間に至るまでを市民は共有した（図2）。

（3）市長選による論戦

設計者の選定作業が進められたこのとき、一方では市長選挙が行われていた。争点は市民交流センター整備の推進か中止かの一点であった。予算が執行され、創造会議や設計プロポーザルが行われている最中ではあったが、まだ建設反対の火種はくすぶり続けていた。政治的な論争であったとは言え、市民交流センター整備の是非について、事実上の住民投票が行われることになった。二年余に及んだ議論に終止符が打たれる最後の論戦でもあった。図書館に関心を寄せる市民にとっては、新しい図書館が建設されるか否かの分かれ道であった。繰り返される箱物批判は、図書館のあり方を模索する市民にとっては、あらためて、より多くの人々に必要とされる新しい図書館づくりを進める決意のときとなったと言えよう。

投票の結果、市民交流センターの整備計画は推進されることに決まった。市長選挙直後に設計者も決定し、市民交流センター整備計画は、設計図を前にしてさらに具体的な段階へと入って行くことになった。

(4) 市民とともに進めた設計

設計プロポーザルの提案要件には、市民と意見を交換するワークショップの開催が盛り込まれていた。これも、市民参加の市政運営を進める施策の一端と言える。市民ワークショップは、設計者が決定したその日に日程調整が行われ、翌月から開始した。設計者は東京に事務所を構えていたが、毎回市民の意見を反映して新しくなった設計図や立体模型を持参し、市民と意見交換を行う形で進められた。市民ワークショップは、二〇〇七年度の実施設計まで、計九回行われた。

市民ワークショップを通して市民が設計にかかわることは、図書館のあり方や機能融合の考え方を具体化する機会となった。たとえば、図書館の児童コーナーと子育て支援センターのカウンターを隣接させたことは、のちに機能融合の象徴となった。プロポーザルで採用された設計案では、各カウンターはそれぞれ異なる階にあった。しかし、子どもにかかわるサービスのあり方を話し合う中で、それぞれのカウンターを並べてサービス提供することになった。同様に児童コーナーでは、絵本コーナーは靴を脱ぐカーペット敷とし、そのほかの児童書エリアは板敷にする案や、読み聞かせコーナーを壁で仕切った専用の部屋にする案なども、機能を限定することになり、活動を制限してしまうという考えから採用されなかった。現在では、誰でもどのエリアにも自由に行き交うことができ、読み聞かせコーナーでイベントが無いときには親子や子どもたちが思い思いに本と触れ合っている。市民ワークショップを通じて、さまざまな活動を可能にする空間という機能融合の発想が育っていった過程をうかがい知ることができる。

市民ワークショップでは、設計の内容が刻々と固まっていった。月に一回のワークショップを開催するだけでもたいへんな労力を要するが、準備室では、市民ワークショップだけでは参加者も限られ、市民の意見を設計に反映させるのは不十分だと考えていた。そこで、市民ワークショップと並行して、職員が設計図と立体模型を持って、図書館、子育て、市民活動などの諸団体や市内の高校などを訪問する「出前意見交換会」を開催した。実施した回数は、四七回にも及んだ。市内にある二か所の大型商業施設に立体模型を展示し、市民交流センター整備事業の概要を説明した上で、意見箱を設置して意見収集も行った。

市民ワークショップや出前意見交換会で出された意見や要望の数は八〇〇余にのぼった。その一つ一つについて、採用、部分採用、不採用の判断がなされ、市のホームページに理由と結果を掲載した。

（5）愛称の公募

公共施設に愛称を付ける試みは市では初めてであった。条例上の扱いや命名方法など、考えなければならないことが多々あったが、市民が施設に愛着を持ってほしいという思いがあってのことだった。

愛称の公募が二〇〇七年一二月に始められた。この時期は、実施設計と完成後に市民交流センターで行われる市民活動のイメージづくりが大詰めを迎えていた。公募は、施設への期待感を高めるため、市民はもちろんのこと全国に向けて行われた。

その結果、北海道から沖縄県まで全国から六五四案が寄せられた。愛称選考委員会による三段階の選考を経て六案に絞られた。さらに、市民参加の機会として市民による投票が行われた。二〇〇八年四月、北海道からの応募者の案が採用されて「えんぱーく」が決定した。「えん」は丸い円・ご縁・塩尻の塩を意味していた。市民が輪になり、市を盛り上げ、縁を深めてほしいという思いが込められた。「ぱーく」には、公園のように誰でも気軽に立ち寄れる施設になってほしいという願いが込められた。

（6）サポート組織設立準備会の立ち上げ

二〇〇八年五月に運営管理方針が策定されると、そこで謳われた市民交流センターの「協働による運営」の実現に向けて、「えんぱーくサポート組織設立準備会」（以下準備会）が設置された。将来的にえんぱーくの運営の一翼を担うサポート組織の結成に向け、具体的な議論が始まったのだ。えんぱーくでの活動に関心を寄せる市民が中心となり、約一年かけて、計一六回の会合が開かれた。準備会では行政と市民とが一緒になって、機能融合のあり方を探り、積み上げていく過程が見られた。その成果については、サポート組織の理念として後述する。

同年八月、市と準備会が中心となって、更地となった建設予定地で、ここからすべてが始まるというメッセージを込めて、えんぱーくプレイベント「えんぱーく物語“0”」を開催した。これまで広報紙や新聞報道により情報発信していたえんぱーくが、目に見える形で具体的に行動し始めた瞬間でもあった。当日は朝から小雨が降っていた。しかし、イベントも終盤を迎え参加者全員で更地に「えんぱーく」の人文字をつくるころには、奇跡のように陽の光が差し込んでいた。

同年九月、サポート組織の名称が「えんぱーくらぶ」と決まり、準備会によって発表された。名称にはえんぱーくを愛（ＬＯＶＥ）する市民団体という意味が込められている。

(7) えんぱーくらぶの発足

えんぱーくらぶで市民や行政と協働しながら、市民交流センターの運営や利用者をサポートするサポーターの募集が二〇〇九年一月に始まり、二月末には発足会が行われた。募集にあたっては、具体的に定められたサポート活動のメニューを応募者に示して、そうした活動への参加を求める形を取らなかった。行政が必要とする活動のサポートをしてほしいということではなく、えんぱーくを舞台にして、えんぱーくや市民のために市民自らのアイデアをもとにサ

表1　サポート活動の内容（イメージ）

サポートの種類	具体例
事業のサポート	事業の運営補助、イベントの運営補助、セミナー・講座・講演会等の補助、日常業務の補助（書架整理・館内掲示の更新）
利用者のサポート	施設案内、館内ツアー、館内見回り、要援護者の支援、ICTの支援、託児の支援、音楽練習の支援
施設のサポート	施設内の美化、施設周辺の美化
情報発信のサポート	サポーター用ホームページ更新、サポーター通信の編集と発行、市民へのえんぱーくPR
上記以外のサポート	上記以外のサポートを自分たちで決められる

ポート活動をしたい人を募集するという意図があった。広報にあたり、「専門性を生かしてみたい方も、なんとなく関わってみたい方も、みなさんの技能や、人のために何かをしたいという思いを、えんぱーくのサポーターとなって生かしてみませんか。」と呼びかけ、サポート活動の内容（イメージ）を例示した（表1）。

具体的な活動メニューや活動方法、そしてえんぱーくらぶの運営については、公募で集まった市民自らで決めることになっていた。そのため、どのような技能を持った人たちによる団体となるのかは未知数であった。

えんぱーくらぶは、えんぱーくが開館する一年半前の二〇〇九年二月に発足した。この時点で、個人四三名と五団体が加入していた。

二〇〇九年一二月には、市民による一一の活動グループがつくられた（表2）。サポーターの募集時に行政から示された活動イメージにはないものが多数含まれているのが興味深い。市民活動の多様性を表していると言えよう。

開館までの間には、えんぱーくをより多くの人たちに周

表2　グループ活動の状況(2009年12月現在)

グループ名	活動内容
わかってえんぱーく	広報活動
シンボルマーク	グループのロゴ、キャラクターなどを考案
図書館	図書館サポート全般
視察	グループ発展のための研究
イベント準備会	各種イベント補助
えんセコ	環境のための節約を提案
企画運営	グループの企画運営
子育て・青少年をサポートする会	子どもたちにかかわること
塩尻産を使った交流会	地産地消交流会
ハーモニーぱーく	音楽による仲間づくり
販売	販売を通してえんぱーくをPR

※グループ名は「○○グループ」と末尾のグループを省略している。

知し、開館後の利用につなげるための活動が行われた。えんぱーくプレイベント「えんぱーく物語"0"」の開催から一年後の二〇〇九年八月、えんぱーく開館前記念イベント「えんぱーく物語二〇〇九」が、えんぱーくらぶと市の共催によって開催された。催し物「えんにち」(縁日)では、金魚すくいや綿あめなどの定番の出し物のほか、農家や高校生の参加もあった。ステージでは、えんぱーくらぶのほか、塩尻道化組合や市内の音楽団体、子育てサークルなど、さまざまなグループの発表が行われた。横七・二m、高さ二・四mのえんぱーく完成予想図が参加者によって描かれ、イベント参加者の写真とともに、工事現場を囲む防音壁に展示された。イベントは、えんぱーくのPRであると同時に、企画と実施、サポートのいずれもが開館後の活動の予行演習となった。

この後、えんぱーくらぶは、開館後のイベント企画やグループ活動の準備、着々と進む工事やえんぱーくらぶの市民向け広報活動、そして視察を行いながら開館後の運営準備などを進めていった。

（8）えんぱーくらぶの理念

えんぱーくらぶは、えんぱーくで行われる行政や市民の活動をサポートするための、新しい市民活動として生まれた。そこでの活動には、今まで行われてきた活動として継続するものと、新たに始まるものとがあった。たとえば、図書館ボランティアは、すでに今までの図書館でも活動が行われていた。従来までの活動と新たにえんぱーくらぶで始まる活動との関係はどうなるのか。えんぱーくらぶの中でお互いの関係はどうなるのか。この点が準備会でも議論が集中したところであった。結論として、えんぱーくらぶは、旧来からある団体や新しく立ち上がる団体など、さまざまな団体や個人の集まりとなり、それぞれの得意分野を生かしてサポート活動を行うとされた。たとえば、従来から行われてきた読み聞かせのボランティア活動も、えんぱーくのサポート活動の一部として今まで通り行うことができた。

これは、市民交流センターのあり方から考えられた。市民交流センターは、社会教育施設である図書館、児童福祉部門の子育て支援センター、市の企画部に属する市民活動支援部門という、まったく所管が異なる施設が同居する複合施設である。前述したように、こうした形態が形ばかりの連携に終わらないように、えんぱーくに入居する諸機能が連携を超えて融合することで、今までにない行政サービスを提供するといった運営管理方針が示された。そのため、市は市民交流センターを施設の名称とするとともに、市の行政組織における一つの部と位置付け、市民交流センター長を部長として配置した。

市民交流センターは、いわゆる出先機関である。通常、出先機関の課長の上司は、本庁にいるため、本庁を向いて仕事を行うことになる。そのため、出先機関にもこうした行政の「縦割り」の関係性が持ち込まれて、連携が形ばかりになるおそれがあった。こうした弊害をなくす試みが、市民交流センターの組織編制には込められていた。

市民もまた、自身が関係する施設を大切にする傾向がある。たとえば、図書館利用者には図書館が、子育て中の親には子育て支援センターが、それぞれ大切になる。市民にも、行政の「縦割り」に似た状況が生じることになる。えんぱーくの設計図を前に行った市民ワークショップでも、市民は自身が応援する施設を大切にするがゆえの対立を体験していた。このことは、機能融合を謳うえんぱーくの運営に弊害となる。つまり、協働の推進の妨げなってしまうことを意味していた。そのため、市民サポート活動も一つの組織となり、行政とともに車の両輪となってえんぱーくを機能させようとしたのである。

えんぱーくらぶをはじめとする市民活動の拠点として、二階にフリーコミュニティというエリアが設けられた。設計当初、図書館ボランティアの活動拠点となるボランティアルームは、図書館エリア内の地下に設けられていた。しかし、機能融合のあり方について議論を進める中で、交流を生まない独占的な空間利用に違和感が生じていった。ほかの市民活動団体と居場所を共有しながら、えんぱーくらぶの一員として交流を通じた活動を進めようということになり、フリーコミュニティを活動拠点とすることになった。えんぱーくらぶのあり方を象徴する姿と言えよう。

4. えんぱーく開館

(1) 開館前夜

図書館では、新図書館の開館準備とそのための引越しに、市民参加の機会を設けたいと早くから考えていた。毎年、山梨県で開催されるブック・フェアへの参加に市民を募ってマイクロバスで出かけ、図書館職員と一緒に選書を行った。図書館の蔵書の性格や本の購入の仕組みなどを体験しながら、新しい図書館について話し合う場とした。

図書館の引越しは一大事業だ。しかし、新しい書架に本を排架する作業は、新しい図書館空間が出来上がっていく様を体感できる貴重な時間となる。図書館では、これを市民と共有し、市民とともにつくる新しい図書館づくりの第一歩にしたいと考えた。しかし、この企画は実現できなかった。なぜなら、工期が大幅に遅れ、工事中の建物内に市民を入れることができなかったからだ。

開館五〇日前にはカウントダウンのボードが設置された。毎日、掛け替えられる数字とどもに、市内の子どもたちから寄せられた絵画を掲示する企画であった。

(2) えんぱーくを市民が囲む開館日

二〇一〇年七月二九日、えんぱーくは開館した（図3）。建設工事直前の更地に「えんぱーく」と市民によって人文字が描かれたときのように、開館の瞬間もやはり市民が主役となった。オープニングでは、手をつないだ市民がえんぱーくを囲んでテープカットをすることになっていた。しかし、雨により館内へ場所を移して行うことになった。エントランスホールから二階にまであふれた市民は、全員が手をつなぎ、声を合わせてカウントダウンを行い、「オープン」の声を合図に、それぞれ思い思いの場所へと散って行った（図4）。

図3　商店街から見たえんぱーく

図4　開館直後のえんぱーく

このとき、えんぱーくらぶの会員をはじめとする市民活動団体が利用を楽しみにしていたフリーコミュニティを、喧騒の中で高校生たちに「占領」される事態が起こった。「占領」とは、えんぱーくの管理者である市、そしてえんぱーくらぶの関係者の言い方であり、高校生は空いていた席に座っただけにすぎなかった。えんぱーくはさまざまな機能をつなぐために、特定の団体や個人のための空間を用意していない。それは、あらゆる人がすべての場を共有できるということだ。ところが、市やえんぱーくらぶの関係者は、フリーコミュニティにいる高校生たちを見て、ここは市民活動のための場なのにと思ってしまったのである。

しかし、私たちは次の瞬間、自分たちの矛盾に気付かされることになった。知らず知らずのうちに、市民活動にかかわる一部の利用者のための場所の確保を行っていたのだ。市民協働を進める上での、行政側から市民への気遣いも無意識のうちにあったのかもしれない。フリーコミュニティは、誰でもが使えるようにと、もともとドアも壁も無い空間であった。その矛盾を高校生から初日に教えられることになった。その後、市民活動を行う場合は、市民団体側が席を予約することとし、予約の無い席はいつでも誰でもが自由に使えることになった。そうした運用によって、市民活動団体が打ち合わせをする横で会話や学習をする高校生の姿が、えんぱーくの日常として見られるようになった。

(3) 開館後の市民活動

ここまで、えんぱーく開館に至る約八年間におよぶ行政と市民とのかかわりを概観してきた。図書館WG、懇話会、創造会議、市民ワークショップ、準備会、そしてえんぱーくらぶへと大きな流れは続いてきた。その間、飛び込み市民会議、設計案展示と公開による設計プロポーザル、出前説明会、愛称募集と決定、開館前イベント、開館イベントなど、さまざまな形で市民参加の場が提供されてきた。市民への情報発信も意識して行われた。そして、そこには参加の場や情報を求め、積極的にかかわる多くの市民がいた。すべての場面において、熱心で主体的な市民がいて、そうした市民が特定の人たちだけではなく場面に応じて入れ替わることで、さまざまな市民がかかわってきたことを、当時の担当者として実感できた。

えんぱーくの誕生は、市民参加による市政運営という施策の具現化でもあった。この八年間の取り組みの上に現在のえんぱーくがある。それは、えんぱーくの運営理念が機能融合であったことと無縁ではない。行政と市民それぞれが持つさまざまな機能を融合することが、協働の理念そのものであったと言える。えんぱーくの運営は、機能融合を基本理念としながら、組織的に一体となった行政と市民団体の二輪体制で歩んできた。

えんぱーくらぶが開館一年半前に結成されたため、サポートのための準備時間を十分に確保でき、経験を蓄積できた。そのため、開館当初から、サポーターは市が主催する行事の補助、館内の見回り、ツアーガイド、館内の装飾、鉢植えの花育成、広報などのサポート活動のほか、えんぱーくらぶが主催する独自行事など多彩な活動ができた。図書館では、従来の読み聞かせボランティア活動のほかに、返本と装備、修理のボランティア研修会が開催され、新しいサポーターの登録が行われた。二階のフリーコミュニティの一角では、図書館ボランティアによる活動が、ほかの市民活動グループと空間を共有しながら楽しそうに行われていた。この姿に機能融合の到達点を見た思いがした。

おわりに

えんぱーくは二〇二〇年に一〇周年を迎えた。コロナ禍により様相は変わったが、これまでの一〇年間、えんぱーくの利用者数や視察者数、図書館の各種利用統計値などは衰えることなく一定の水準を保っている。これらの数値は、新施設ゆえの目新しさによる一時的な盛り上がりではなく、えんぱーくが継続的に活用され、評価され続けていることを示すものと言えるだろう。

しかし、一〇年間にいくつかの変化も生じている。市民交流センターは、以前のような独立した「部」組織ではなくなった。えんぱーくらぶの全体活動は休止し、個別のサポート活動のみ行われるようになった。

市民交流センターという、行政上の一つの部を設けたことは、市としては大きな決断であったと言える。中心市街地の活性化という重要施策を進めるために、前例に縛られない決断を下したのだ。一方で市民交流センターの下で首長部局と教育委員会部局とが混在し、教育委員会には三つの部が併存するという行政的に稀有な状況も生じることになった。部ではなくなったことで組織的な独立性は薄れたが、当初から行われていたセンター長、全課長と館長による毎朝のミーティングは継続されており、人による機能融合は継続している。

えんぱーくらぶは、前述のように将来、えんぱーくを市民営に移行させるための第一歩と考えられ、市民営の一翼を担うものとされた。しかし、ボランティアグループが自らの活動に加えて、さらに他グループの活動もまとめることは、個々の事情や体制が異なる団体が共存する状況では、多くの課題があることは想像に難くない。また、ボランティアの中には、えんぱーくの運営は市で行うべきであり、なぜ市民が運営を担わなければならないのか、という意見を持つ人もいるという。現在、えんぱーくらぶの事務局は市が担当し、市民は個別のサポートグループに属して活動している。えんぱーくらぶの活動から、独立した市民活動へと羽ばたいたグループもある。

市民営に関しては、運営管理方針でも「将来的に」としているだけで、それに向けたスケジュールや方策も具体的に示されていない。「ひとづくりの場」を基本コンセプトとするえんぱーくでの活動を通じて、市民の中にえんぱーくを運営する力と機運が生まれることを期待したい。それは、協働のまちづくりの一歩でもある。

運営管理方針では、基本コンセプトを実現するために、えんぱーくが目指すべきこととして三点が挙げられている。その三番目に「センター自身が進化する」とある。えんぱーくで提供されたサービスの経験を蓄積し、継続的に改善につなげていくことで、施設の進化を目指すとされている。えんぱーくが市民のために、常に進化し続ける場として活動し続けることを願ってやまない。

参考文献

市立図書館の在り方ワーキンググループ「市立図書館の在り方ワーキンググループ提言書 市民の暮らしに生き、こころを育む～塩尻らしい図書館～』二〇〇四年、二一頁 http://www.city.shiojiri.lg.jp/tanoshimu/shiminsankaku/teigenshokohyo/toshokanteigensho.files/ttd01.pdf（最終アクセス：二〇二一年二月二五日）

塩尻市教育委員会『塩尻市立図書館基本計画　市民の暮らしに生き、心を育む図書館を目指して』塩尻市、二〇〇六年、五五頁

「塩尻市市民交流センター建築構想」塩尻市、二〇〇六年、五四頁 http://www.city.shio jiri.lg.jp/tanoshimu/enpark/open/keika/omonakeika.files/kentikukousou.pdf#search=%E5%B-B%BA%E7%AF%89%E6%A7%8B%E6%83%B3（最終アクセス：二〇二一年二月二五日）

「塩尻市市民交流センター運営管理方針」塩尻市、二〇〇八年、六二頁 http://www.city.shiojiri.lg.jp/tanoshimu/enpark/open/uneikanrihoshin.files/uneikanrihoushin.pdf（最終アクセス：二〇二一年二月二五日）

「市民交流センター創造通信」塩尻市、第一―二三号、二〇〇八年―二〇一〇年 https://www.city.shiojiri.lg.jp/tanoshimu/enpark/open/tsushin.html（最終アクセス：二〇二一年二月二五日）

塩尻市立図書館『図書館概要』二〇〇六年―二〇一九年

「愛称『えんぱーく』について」塩尻市 https://www.city.shiojiri.lg.jp/tanoshimu/enpark/open/aisho.html（最終アクセス：二〇二一年二月二五日）

〈第9章〉
協働の力で地域に根ざす魅力ある図書館づくり
――つづき図書館ファン倶楽部

若杉隆志（つづき図書館ファン倶楽部代表）

はじめに

つづき図書館ファン倶楽部（以下ファン倶楽部）は、神奈川県横浜市都筑区で活動している会員二〇数名の小さな市民グループである。会の目的は、「市民にとって魅力ある地域図書館づくりをめざす」（会則二）としている。事業として、都筑図書館との協働事業、都筑図書館のPR、図書館への理解を深める事業、都筑図書館職員との交流（会則六）などを掲げている。二〇〇〇年の「都筑図書館ファン倶楽部準備会」（以下準備会）結成からおよそ二〇年、この目的を実現するために日々奮闘している。

区民向けに開催した連続講座の実施後には、参加者を中心に新たなグループを立ち上げるなどファン倶楽部から活動の輪が少しずつ広がっている。後述する「つづきっこ読書応援団」や「つどおうJiJiBaBa隊」（以下JiJiBaBa隊）などである。

本の力を信頼し図書館の価値を共有する各グループが、それぞれ独自の活動スタイルで公共施設や地域で活動を展開しており、ゆるやかなネットワークの核となる存在がファン倶楽部である。参加しているメンバーは、それぞれのライフスタイルと関心によって、「無理なく楽しく」「できる時にできること」をモットーに参加している。

ここでは、ファン倶楽部とそこから生まれたグループの活動について、都筑図書館・都筑区役所などとの協働の取り組みを中心に紹介する。

1. 新しい街と活気ある図書館——私たちの街と図書館

都筑区は、港北ニュータウンの開発に伴う港北区と緑区の再編により一九九四年に誕生した。人口は二一万一七五一人（二〇一五年 国勢調査）、面積は二七・八七㎢（二〇二〇年一〇月 国土地理院）である。区の北部・中央部のニュータウン地区は緑道と公園が整備され、自然と調和した街づくりが進んでいる。南部は市内でも有数の農業専用地区が広がり、鶴見川沿いは工業地域となっている。区内を縦横断する市営地下鉄により、東京や横浜の中心地へのアクセスがよい。そのため、区民の平均年齢は四〇・七歳（二〇一五年 国勢調査）と横浜市一八区中もっとも若い。

都筑図書館は区発足の翌一九九五年に緑図書館とともに新設された。これ以降、図書館の新設は無く、一区一館（一八館）体制が現在も続いている。

都筑図書館の二〇一九年度の年間貸出冊数は九三万七九一七冊で、西区にある中央図書館を上回り市内一八館中ダントツに多い。貸出利用が多い理由は、職員の方のがんばり、区の中心駅から徒歩五分ほどの区役所総合庁舎内にあり好立地であること、子育て世代の利用が多いことなどが考えられる。一日平均の入館者数は二二九五・九名。さして広くない館内（延床面積二三九六・四二㎡、閲覧席総数七六）は、とりわけ週末などに多くの人で賑わっている（数値はすべて『横浜市立図書館年報二〇二〇』）。図書館を応援する私たち市民にとって、このように区民に利用され活気に満ちている図書館を誇らしく思う。同時に、これだけ利用が多いのは区民の利用ニーズに一区一館体制では追い付いていないことのあらわれでもあると考えている。なお、図書館協議会は設けられていない。

2. つづき図書館ファン倶楽部の発足――「生まれも育ちも協働です」

都筑図書館が開館して五年後の二〇〇〇年三月に開館五周年記念シンポジウムが開催された。この記念イベントは、当時の館長の発案で準備段階から市民が参加して企画・実施された。公募で集まった市民サポーターは、利用者アンケートを行うなどエキサイティングな図書館との協働事業を半年間体験した。

当日は辻由美氏の記念講演「私の図書館活用法」、パネルディスカッション「地域図書館の新たな役割を考える」が行われた。サポーターたちは、生涯学習社会のニーズに合った使える図書館で、かつ地域の情報拠点でもあり、気軽に立ち寄り滞在できる場が「都筑図書館の目指す方向」であると確信を持った。同時に、サポーターを体験したことで、図書館職員とじっくり意見交換したり、区役所や学校と図書館との連携の大切さを知ることができたり、二〇歳代から七〇歳代までの多彩なサポーターが持つ魅力に触れることができた（図1）。

図1　図書館長の呼びかけで集まった実行委員。シンポジウムの終わった後に図書館職員といっしょに

イベント終了後、市民メンバーの有志により、都筑図書館を応援し図書館の価値を広く区民に知らせる「勝手なサポーター」の設立が呼びかけられた。そして、二〇〇〇年九月に準備会が結成された。図書館長から市民への呼びかけが市民グループ誕生の流れをつくったのだ。

三年の準備期間を経て二〇〇三年一二月に正式にスタートした。設立総会で会の名称の「都筑」を「つづき」とひらがなにした。理由は都筑図書館だけでなく、区内の図書施設の支援や読書環境の充実にまで活動の視野を広げたことによる。代表となった伊藤紀久子は、設立総会の挨拶で「市の方針・現場のがんばり・市民の応援が大切」と述べた。設立総会には館長はじめ多くの司書にも参加いただいた。年に一度開かれる総会には、今も都筑図書館から多くの職員が参加し相互に交流を深める場となっている。

3. つづき図書館ファン倶楽部の活動から

私たちは、知恵を出し合いながら、講演会などのイベントの企画・実施、図書館見学会の開催、『つづき図書館ファン倶楽部通信』（以下ファン倶楽部通信）の発行などさまざまなことに取り組んでいる。ここでは図書施設マップづくりと連続講座の実施、行政への働きかけ、他の地域との連携・協力について紹介したい。

(1) 図書施設マップづくり

区内に図書館は一館しかないが、地区センターやコミュニティハウスなどに図書コーナーがある。また、小・中学校の市民図書室や歴史博物館の図書閲覧室など市民が利用できるさまざまな公共施設がある。それぞれに特色があり穴場となっている。各施設にアンケートを行い、回答のあった一七施設の概要をマップにまとめた。最初は準備会発足直後の二〇〇一年に作成し図書館内に展示した。その後、二〇〇五年と二〇一〇年に改訂した。二〇一五年には、図書館・区役所との連携協力により、手作り感あふれるカラー版の『本のあるまちつづきブックマップ――都筑区読書関連施設マップ』を作成した。さらに、二〇二〇年には都筑区読書活動推進目標の『あなたと本の架け橋つづきブックマップ』へと継承された。市民の取り組みと行政の動きがうまくマッチングした取り組みである。

それぞれの図書施設は、都筑図書館とは別組織で図書館の本の借り受けや返却はできない。たとえ小さな施設であっても、それぞれの特色を活かしつつ都筑図書館と連携を強めることで、より身近な生涯学習拠点となり、地域の心地よい居場所としての役割を果たせるのではないかと考えている。

二〇一一年に『ね、本を読んで！都筑区内子ども読書推進ボランティアマップ』を作成した。区内で活動している三五の読書グループを中学校区ごとに紹介したものである。区民が日常的に利用できるエリアとして中学校区が適当だと判断した。

（2）本・図書館をテーマとした連続講座の実施

図書館への理解をひろげ、仲間を増やすことを目的に、図書館・区役所の協力を得て、本や図書館に関する連続講座を開催した。

二〇一三年のテーマは「読む楽しみ知る愉しみ――図書館からひろがる世界を知ろう」であった。三回の講演と最後の回はワークショップという構成だ。各回の講師とテーマは次の通り。一回目は高田高史氏「図書館が教えてくれる発想法」、二回目は高橋美江氏「目からウロコ！街の魅力発見法」、三回目は井上ユリ氏「井上ひさし・米原万理の家族として」。四回目は「ワークショップ――図書館をデザインしよう」であった。参加者は少人数のグループに分か

図2　連続講座「人とまちをつなぐ未来の図書館を考える」第3回ワークショップ

れ、それぞれのアイデアを提案し合い議論を交わした。

二〇一六年には「人とまちをつなぐ未来の図書館を考える――ワクワクする拠点・図書館は変わり始めている」と題して、二回の講演と、やはり最後の回はワークショップを行った。一回目は岡本真氏を講師に「未来の図書館／横浜から」、二回目は山口源治郎氏「市民目線で図書館法を読む」、三回目は「ワークショップ――妄想図書館・私も大胆に発想してみる」であった（図2）。ワークショップでは、二〇一三年の経験を踏まえてコーディネータを置き、円滑な進行となるよう努めた。講座の間には横浜市内の北部と南部の図書施設を見学訪問するオプショナルツアーを二回行った。

図書館の価値をアピールし、横浜に図書館をもっと増やして欲しいという切実な願いを実現するために、繰り返し講座を開いて考えていきたい。参加者から集まった声をもとに、理想の図書館のイメージをイラスト化してファン倶楽部通信にも掲載した。

(3) 行政への働きかけ①――市長ミーティング

行政に図書館の価値を理解してもらうための働きかけとして、市長とのミーティングがある。二〇〇二年に新市長となった中田宏氏は広聴活動の一つとして、市民と直接対話する「カレーランチミーティング」を開始した。準備会発足後の二〇〇二年、「地域図書館をいかにして街づくりに生かすか」というテーマで応募し、七九倍の狭き門を通過して当選した。当日は誰が何をどう発言するかなどを綿密に準備して臨んだ。メンバーは、それぞれの言葉で図書館の大切さや都筑図書館のスペースが狭いことをアピールした。市長はできたばかりの都筑区の「図書施設マップ」に関心を示し、「地域の図書施設のネットワーク化は関係部局とも相談し努力していきたい」と明言された。市長にはファン倶楽部通信の巻頭言の執筆をお願いし快諾いただいた。続いて、二〇〇七年に二回目のミーティングが行われた。中田市長は任期途中で辞任し、二〇〇九年に林文子氏が就任した。

林市長は名称を「ティー・ミーティング」と変えて広聴事業を継続した。私たちは早速応募し、やはり高倍率の中で当選した。二〇一一年のことであった。この時は図書館行政の立ち遅れや学校図書館、学校司書の配置問題をテーマとした。もちろんファン倶楽部通信の巻頭言への寄稿もお願いした。林市長とのミーティングは、その後二〇一二年、さらに二〇一六年と三度を重ね、都筑での市民協働の進展や学校司書の配置が成果を上げていることなどを率直に話し合うことができた。ミーティングでは、毎回関係部局の長が市長の後ろにずらりと控えていた。本が大好きだという林市長とは懇談もはずみ、時には私たちの発言を受けてすぐに市長からの指示が後ろに飛んだりする場面もあり、手ごたえを感じる楽しい時間を持つことができた。

当選頻度が高いことが地元でも話題となり、「市長に会える」ことがメンバー勧誘時の売りにもなった。自治体トップと図書館の現状・あり方・未来について意見交換することで、今後の活動に可能性を見出すことができた。

(4) 行政への働きかけ②――横浜市の図書館政策・読書活動推進計画づくりに参加

二〇〇六年から二〇〇七年にかけて「市民との協働を進め、より効果的・効率的な図書館運営を行っていく」ことを目的に「横浜市立図書館のあり方懇談会」（以下あり方懇談会）が設置され、ファン倶楽部の代表が市民委員の一人として参加した。都筑での協働の経験や地域図書館の拡充、学校図書館との連携、市としてのグランドデザイン策定の必要性などを訴えた。あり方懇談会は八回開催され、二〇〇七年八月に「横浜市立図書館のあり方懇談会報告」が発表された。報告の提言を受け横浜市立図書館の目標の一つとして「市民の意見を反映した図書館運営の仕組みづくり」が盛り込まれることになった。この後、都筑区では市民と図書館職員の意見交換会が定例化されるなど、協働の取り組みのステージが一つあがった。

二〇一〇年から二〇一一年にかけて設置された横浜市子ども読書活動推進計画（第二次）策定委員会にも委員の一人として、ファン倶楽部代表が読書活動実践者として参加した。委員会は三回開催され、二〇一一年三月に「子ども読書活動推進計画（第二次）」が発表された。

二〇一二年には、学校司書の配置に大きな動きが見られた。具体的には、市民グループによって市内四か所で集会が開かれたり、複数グループによって市長ミーティングで話題にされたり、各会派の議員へロビー活動がなされたりした。こうした動きが学校司書配置の機運を高めていった。ファン倶楽部もこの動きの中心を担った。その結果、行政が動き、それまで未配置であった市内約五〇〇の全公立小・中学校に、二〇一三年から四年間で学校司書の配置が実現した。ファン倶楽部では、これまで各委員会などへの参加を通して、「市民は図書館の応援団」という協働の姿勢で学校図書館や学校司書の重要性を訴え続けた。そのことが成果につながったと言える。

このように、学校図書館を取り巻く状況に変化が生まれている。学校図書館で図書館の利用経験を積んだ子どもたちが、やがて成長し公共図書館を変えていくことにつながっていくことを期待している。

また、二〇一三年に「横浜市民の読書活動の推進に関する条例」が制定された。この条例に基づき全市的な横浜市民読書活動推進計画が策定され、行政区ごとに独自の目標が策定された。都筑区の策定委員の一人として後述する「都筑図書館から未来を描く協働の会」の会長でもあるファン倶楽部代表が参加した。また、都筑区読書活動推進懇談会（二〇一四年〜現在）のメンバーも務めている。

（5）他の地域との連携協力

「図書館友の会全国連絡会」は、全国各地で図書館の魅力や役割の重要性に心を寄せ、市民の立場から図書館づくりを進めているグループ・個人のネットワークである。理想の図書館を明文化した「私たちの図書館宣言」の提案、「感染症対策状況下における図書館活動の維持についての要望書」の公表、文部科学省・総務省への要請活動、国会議員へのロビー活動など多彩な活動を展開している。ファン倶楽部は発足直後に加入し、各地のグループの活動経験に学びながら交流・連携している。運営委員にはメンバーも参画している。

「横浜の図書館の発展を願う会」は、横浜の図書館の振興と発展を願う個人・グループのネットワークである。一区一館の見直しや図書館計画の策定、図書館協議会の設置などを求めた中央図書館長との懇談、市長選・市議選時に候補者や政党宛に公開質問状の送付などを行っている。さらに図書館への指定管理者制度導入問題への取り組みといった活動なども行っている。

こうした都筑区を超えた横浜市全域、全国各地の図書館への願いを共有する団体・個人からは学ぶことがとても多い。それぞれの地域の事情は異なるが、図書館への思いに励まされている。

4. つづきっこ読書応援団の発足——講座からひろがる仲間たち

二〇一〇年に都筑区役所の「つづき力発揮講座」受託事業として「つづきっこの読書環境をよくする応援団になろう」という五回の連続講座を都筑図書館の協力を得て行った。終了後この講座の参加者を中心に、「都筑区の子どもたちの読みたい気持ち知りたい気持ちを高めるために読書活動の推進と環境の改善を図りたい。子どもたちに関わりながら自分たちも成長したい」（会員募集案内チラシ）を目的に、つづきっこ読書応援団（以下TDO）が発足した。TDOは活動の輪を大きく広げていった。現在「学校」「勉強」「企画」の三つの専門部会があり、区役所・図書館・区内公共施設と協働しながらさまざまな活動を行っている。

学校部会は、学校の図書・読書ボランティア活動の向上をめざして、小・中学校の図書ボランティア大交流会（年に一回）やミニ講座を開催したり、区役所と連携した図書リユース活動や学校図書館の見学会などを行っている。

勉強部会は、知識・技術のスキルアップをめざして、パネルシアター講習会、つづきMYプラザ多言語おはなし会などの区内各所で行われるおはなし会に協力している。二〇一二年に実施した「わらべうた連続講習会」から「わらべうたわらしっこの会」が誕生した。また、都筑図書館が毎年行っている読み聞かせの初級講座からは、二〇一三年に絵本勉強会「マドレーヌ」が発足した。両グループとも勉強会を開いたり、地域での実践活動を行っている。

企画部会は、「タウンセンター子育て地蔵祭り」や「忘れない三・一一あったか復興ひろば」への参加などを通じて地域に読書の輪を広げる活動をしている。

二〇一二年に北山田地区センターが主催し、TDOが全面的に協力して「JiJiBaBa絵本塾」が開催された。この活動の終了後、参加メンバーを中心にJiJiBaBa隊が生まれた。JiJiBaBa隊は、地区センター、保育施設や高齢者施設、そして都筑図書館で「絵本よんであげますよ～」などの読み聞かせを行っているグループだ。毎月行われる定例会では、おはなし会の担当を決めて、前回の反省を行ったり、持ち寄った絵本を紹介したりして盛り上がる。絵本は高齢者も元気にしてくれる。メンバーは「子どもたちの喜ぶ顔をみると私もすごくうれしい」「参加す

図3　都筑図書館での読み聞かせの様子

ることで生活が楽しくなる。生きがいになった」と声をそろえる（図3）。

ファン倶楽部で実施した講座からTDOが、TDOで実施した講座からわらべうたわらしっこの会やJiJiBaBa隊など新しいグループが生まれた。各グループはゆるやかに連携しながら独自に活動を繰り広げている。TDOは地域や図書館での読書活動が評価され、二〇一八年に「子どもの読書活動優秀実践団体」として文部科学大臣表彰を受けた。

5．絵本を持って街へ——走らせよう！つづきブックカフェプロジェクト

「つづきブックカフェ」は、車に絵本を積んで街に出かけていき、三時間ほど「本のある小さなひろば」をつくる活動である。そこは子どもからお年寄りまで、絵本を介して多世代がゆったりと交流できるあたたかな居場所となっている。このシンプルな活動がメディアで取り上げられるなど、今街で話題となっている。

二〇一七年の夏にファン倶楽部の定例会で「本を持って外に出よう。絵本の力を多くの人に

伝えたい！」との提案がなされた。ファン倶楽部はＴＤＯと一緒にこの提案を呼びかけたところ、共感するメンバーが集まって実行委員会が発足した。委員には、まちづくりの経験が豊富なメンバーもおり、多彩な顔ぶれが揃っていた。代表の江幡千代子を中心に、絵本を積む車や絵本の調達、駐車場の確保、運営ボランティアの体制づくり、運営資金の調達など試行錯誤しながらの挑戦が続いた。

絵本は江幡が自宅で行っていた文庫の本をもとに「さわやか福祉財団・連合愛のカンパ」の助成を得て補充した。車は支援してくださる方からキャンピングカーを借り受けることができた。車の色にちなんで「オレンジボーイ」と呼んでいる。この車は子どもたちに大人気だ。資金面ではクラウドファンディングにより、多くの方々から支援をいただいた。「都筑いきいきｍｏｔｔｏ元気プロジェクト」の補助金を活用し、二〇一八年一一月にキックオフイベントを行った。メインスピーカーには、鹿児島県指宿市で市民の力で移動図書館を運営している下吹越かおる氏を迎えた。

二〇一九年度からは、子どもゆめ基金の助成を得たことで運営経費の心配をしなくてもよくなった。そしてなにより心強いのは、JiJiBaBa隊のメンバーが読み聞かせや子どもたちの見守りなどブックカフェの運営を担ってくれていることだ。区役所・図書館の後援・協力も力となっている。

ブックカフェは、多くの人たちの支援に支えられながら軌道に乗りつつあった。しかし、二〇二〇年から猛威を振るったコロナ禍によって、ブックカフェの要である子どもと密に触れ

図4　牛久保公園で開かれた「木かげでブックカフェ」

合いながら読み聞かせをすることができなくなってしまった。狭い車の中を自由に出入りすることも難しくなった。半年ほどの活動休止を経て「木かげでブックカフェ」と銘打って野外での活動をメインに再開した（図4）。

区役所の地域振興課職員から横浜市市民協働推進センターが実施する「新型コロナウイルス感染症の影響に伴う横浜市市民公益活動緊急支援助成金」を教えてもらい、応募したところ採択された。衛生用品や体温計、拡声器、密を避けるための机・椅子などを新たに購入し、感染対策をとりながら動き出したところである。

6．都筑図書館から未来を描く協働の会が発足

(1)　ひろがる協働の場

二〇一二年一二月、都筑区では市民と図書館の協働を進める組織として「都筑図書館から未来を描く協働の会」（以下TMEK）が発足した。ファン倶楽部発足のきっかけが、館長発案による開館五周年記念のシンポジウムのサポーター公募だったように、TMEKの発足もまた当

時の図書館長からの提案であった。それまでの図書館とファン倶楽部との協働の場を、ほかの市民グループにもひろげたいとの提案が館長からファン倶楽部になされた。この提案は私たちとしても大歓迎だった。それから一年ほど意見交換を行い名称と会則を定め、館長とファン倶楽部メンバーとで関心を持ってもらえそうな区内の市民グループに参加を呼びかけた。その結果、趣旨に賛同した「つづきアーカイブ倶楽部」「つづき交流ステーション」、TDO、そしてファン倶楽部の四団体による発足となった。会長は発足以来ファン倶楽部の代表が、副会長はTDOの代表と図書館長の二名が務めている。事務局は都筑図書館に置かれている。

発足前の準備段階で、参加する市民、図書館職員が未来の図書館像を自由に描き、イメージを広げて共有するためにグループワークを行った。それぞれがアイデアを付箋に書いて大きな紙にたくさん貼り出した。それをテーマ別や、すぐできること・将来の課題などに振り分けて検討した。その結果、「使って☆図書館」「もっと図書館を楽しもう」の二つのスローガンができた。これらの作業は、楽しく一体感を高めることにもなった。

発足後は各団体から有志数名が、図書館から館長と市民協働担当者（現在は三名）が参加し、月に一度定例会を行っている。毎月の定例会では、協働で行う各種イベントの企画・実施や都筑図書館の魅力を高めるための意見交換や、図書館や読書に関わる情報交換が行われている。二〇一三年は講演会とビブリオバトルを実施した。

（2）開館二〇周年を迎えた都筑図書館を祝う

そして、二〇一五年、都筑図書館は開館二〇周年を迎えた。そのため、記念行事の企画に取り組むことになった。公募に応じた市民も加えて実行委員会をつくり、二〇一四年から二〇一六年にかけてプレイベント、講演会、読書フォーラム、展示会、ワークショップ、ビブリオバトルなど、さまざまなイベントを行った。企画ごとに市民と図書館職員とでチームをつくって原案を練り、実行委員会で共有しながら進めた。多忙な二年であったが市民と図書館職員との距離が縮まったことを実感した。

図5　「ブラボー！都筑図書館とじぶんたち」

この成果を受け、それまでは開館一〇年、一五年と節目の年に大きな企画を行ってきたが、二〇一六年からは「都筑図書館フェスタ」として、また、二〇一八年からは「つづきブックフェスタ」と名称を変え、毎年の市民と図書館との協働事業として定着している。

二〇一六年、都筑図書館は「子どもの読書活動優秀実践図書館」の文部科学大臣表彰を受けた。図書館の実績とともに市民協働による地域ぐるみの読書活動が評価されたのだ。ファン倶楽部とTDOは、表彰を祝うために区内で読書活動を実践している人たち、それを支える人たちが集って「ブラボー！都筑図書館とじぶんたち」を開催した。今後のさらなる展開に可能性を感じた画期的な会となった（図5）。

二〇二〇年には「都筑本修理りぼんの会」と「走らせよう！つづきブックカフェ実行委員会」が加わりTMEKの参加団体は六グループと広がった。

二〇二〇年は都筑図書館の開館二五年目にあたった。四月に計画していた記念イベントは新型コロナウイルス感染症拡大を防止するためすべて中止になったが、一一月のつづきブックフェスタはコロナ対応をとりながら実施できた。柳沼千枝氏（横浜市歴史博物館）による講演「古代の村の祈り」、パネル展示「写真でタイムトラベルinつづき」、ワークショップ「絵本の表紙を作ろう」と「缶バッジを作ろう」、大きなブロックでつくる楽しい本の空間「みゃーごとちゅーずのおでかけ図書館」といったイベントを行った。「みゃーご」と「ちゅーず」は都筑図書館のキャラクターである。

TMEKでは毎年都筑図書館の外部評価を行っている。TMEK発足以前はファン倶楽部が行っていた。図書館職員による内部評価を市民・利用者の目線で評価するものである。評価内容は図書館長に提出した後、定例会でも意見交換している。市民にとって評価はなじみにくいものであるが、図書館運営に市民の意見を反映させるひとつのチャンネルとして大事な機会だと考えている。

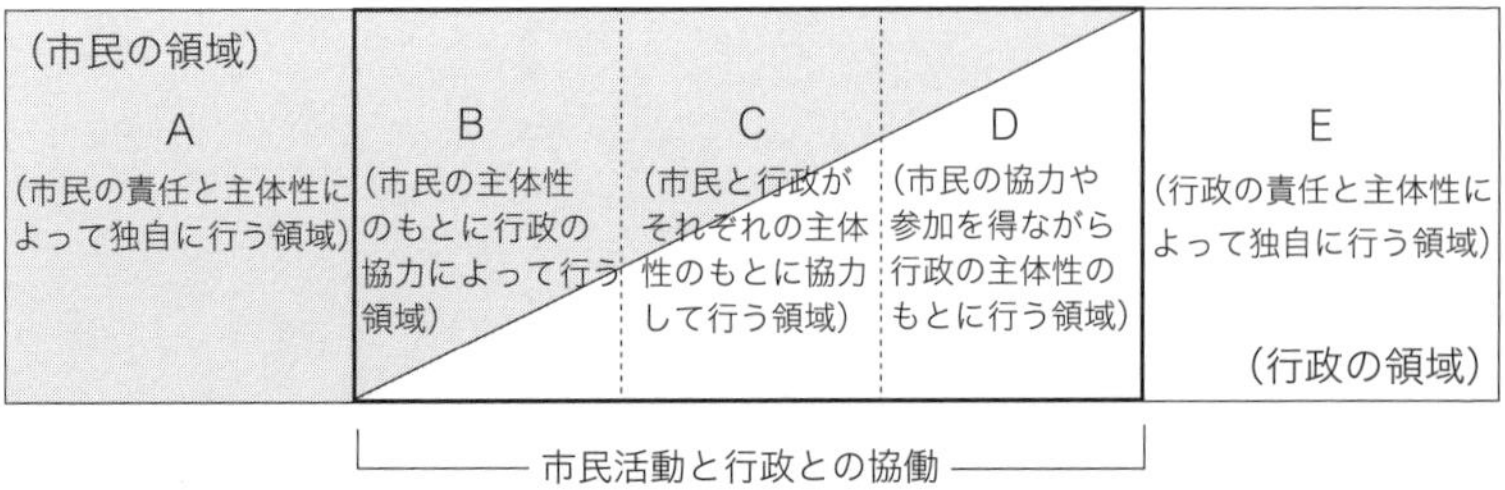

図6　市民活動と行政との関係
（出所）「横浜市市民活動推進検討委員会報告」横浜市、1999年3月 https://www.city.yokohama.lg.jp/kurashi/kyodo-manabi/shiminkyodo/kyodo/jourei/kyujourei/kentouiinkai.html（最終アクセス：2021年3月2日）

（3）市民と図書館の協働の力で魅力ある図書館づくりへ

二〇一八年に横浜市が策定した「横浜市における市民活動と協働に関する基本方針」（以下横浜コード）では、市民活動と行政が協働するにあたり、次の六つの原則を尊重して進めている。すなわち、①対等の原則、②自主性尊重の原則、③自立化の原則、④相互理解の原則、⑤目的共有の原則、⑥公開の原則である。そして、協働の方法として「補助・助成」「共催」「委託」「公の財産の使用」「後援」「情報交換・コーディネート等」を示し可視化している（図6）。

横浜コードは横浜で市民活動に関わる私たちにとって、ひとつの指針となっている。都筑での協働事業は図6のBCD部分にあたる。Aの領域でも公共サービスを利用するなどどこかで行政と関わることもあるだろう。一口に協働といっても時により、いろいろな形がある。

図書館はもともと資料を共有しシェアする社会教育施設であり、協働の考え方と親和性が高いのではないかと考えている。協働は提案と協力をもとに、相互に自立した市民と図書館職員相互の信頼に基づくWin-Winの関係と捉えられる。どちらかが一方的にお願いしたりされたりする関係ではない。長い間の交流、定例会での意見交換やイベントをともに企画・実施する中で関係性を築いてきた。

現在のコロナ禍において、私たちの活動も新たな課題に直面している。なにより活動に大きな制約を受けている。休止状態が続いているイベントも多い。ブックカフェやJiJiBaBa隊が行ってきた読み聞かせは、密な空間で子どもたちと触れ合うことに喜びと意義を見出してきた。しかし、今は人と密に接触することにためらいが生じている。

一方、コロナ禍で多くの人たちは心の支えとして本が大切なものであると認識している。特に、絵本は子どもから大人まで世代を超えて人と人とを近づける力があることに改めて気づかされる。一人ひとりの心にどう寄り添い本を届けていけるか、どういう環境・空間・場をつくり出せるかを考えていきたい。

おわりに

「生まれも育ちも協働」、振り返ればファン倶楽部はいつも都筑図書館とともにあった。近づきすぎず離れすぎず適度な距離感で。時にもどかしさや緊張を感じたりすることもある。納得と合意を大事にするため、概して時間を要する。それらも含めて協働なのだと思う。

すべての人に必要とされる図書館の働き・価値を高めていくうえで、市民と図書館との協働は大きな力となっていくと考えている。都筑での私たちのささやかな取り組みが、住みよく、人にやさしい街づくりにつながるという夢を見つめながら、歩みを続けていきたい。

参考文献

「横浜市市民活動推進検討委員会報告」横浜市、一九九九年三月 https://www.city.yokohama.lg.jp/kurashi/kyodo-manabi/shiminkyodo/kyodo/jourei/kyujourei/kentouiinkai.html（最終アクセス：二〇二一年三月二日）
福富洋一郎「コミュニティの場としての公共図書館における取り組み」『情報の科学と技術』六四巻一〇号、二〇一四年、四〇一―四〇七頁
伊藤紀久子「横浜市の学校司書配置実現に向けて――市民の取り組み」『みんなの図書館』四四六号、二〇一四年、一四―一八頁
若杉隆志、三田律子「都筑図書館の「子どもの読書活動優秀実践図書館」文部科学大臣表彰を祝う――つづきっこ読書応援団の市民協働活動」『みんなの図書館』四七四号、二〇一六年、一二―一七頁
国立国会図書館関西館図書館協力課編『超高齢社会と図書館――生きがいづくりから認知症支援まで』国立国会図書館、二〇一七年、一七二頁、参照は九一―九九頁
若杉隆志「高齢者が活躍する場としての図書館」『図書館雑誌』一一二巻八号、二〇一八年、五一六―五一七頁

〈終章〉

参加と協働の視点による図書館づくり

青柳英治（明治大学文学部教授）

1．市民による図書館づくりのプロセス

ここでは、これまで各章で述べられてきた事例をもとに、市民による図書館づくりのプロセスを整理してまとめる。図1は市民がどのように図書館づくりにかかわってきたのか、そのプロセスを、序章の政策過程モデルの図をもとに図書館における市民参加と協働の視点から捉え直したものである。

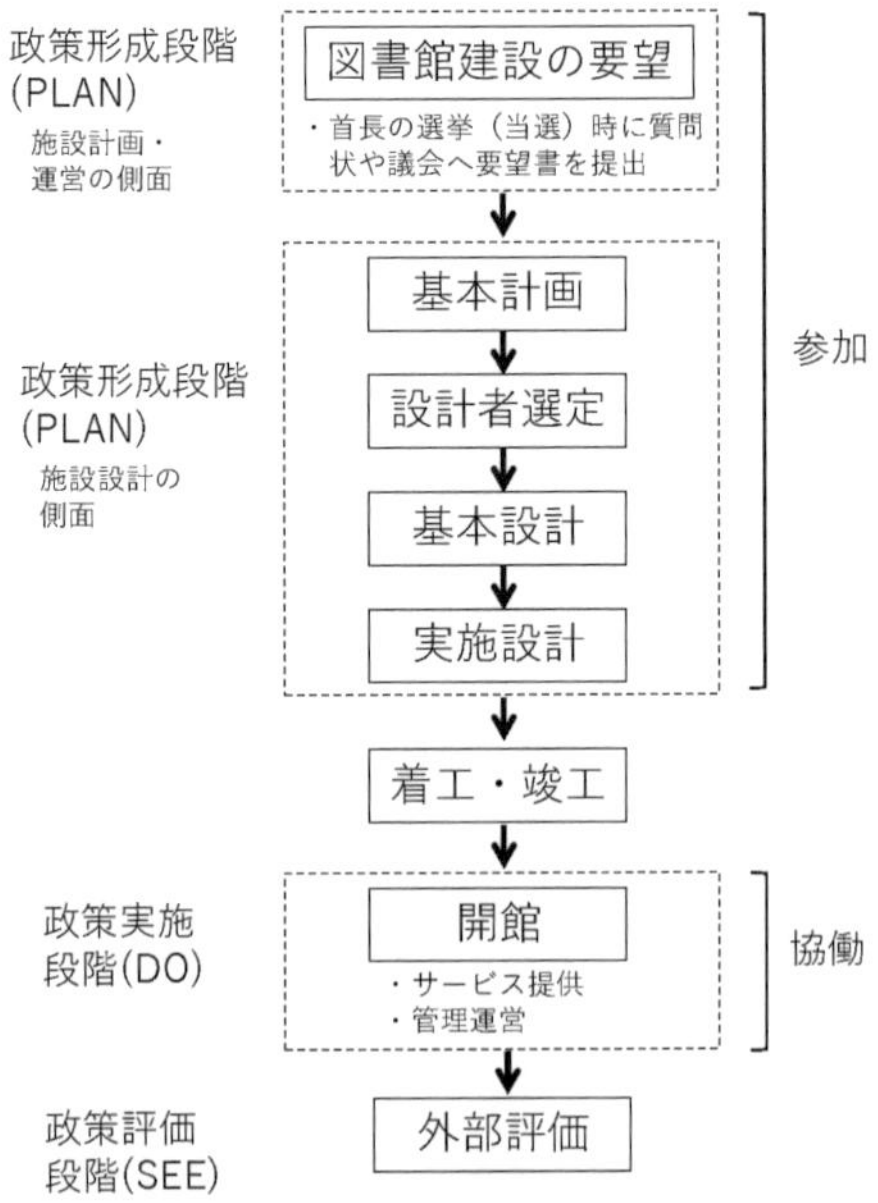

図1　参加と協働による図書館づくりのプロセス
(出所)筆者作成

(1) 図書館建設の要望

図書館建設の要望の段階では、いくつかの事例において次の二つの状況が見られた。一つは首長の選挙時または当選時に要望書や質問状を提出することで行われていた。

伊万里市民図書館では、新館建設にあたり「図書館づくりをすすめる会」（以下すすめる会）が中心となって、市へ要望書を提出したことで図書館建設の調査費が予算化された。市長選挙では、すすめる会が候補者に公開質問状を送り、図書館建設を公約に掲げた候補者が市長になると、調査委員会が発足し図書館建設が始動した。後年、図書館建設を箱もの行政と批判した市長候補者に対しては、再度すすめる会が公開質問状を送り、この候補者が市長に就いた後も非常勤司書や臨時職員の採用と図書購入予算の確保に奮闘した。

塩尻市では、市長選挙で市民参加による協働を市政運営に掲げた候補者が当選すると「ワーキンググループ」を開催することで懸案事項の検討が進められた。図書館については「市立図書館の在り方検討ワーキンググループ」が設置されて公募市民らで検討がなされ、その成果は提言書にまとめられた。提言書では当時の図書館が狭隘であったことから、市の総合計画に新図書館計画として位置付けることが要望された。提言書を受けて「中心市街地の活性化ワーキンググループ」の提言と合わせ、図書館を含めた複合施設「えんぱーく」を建設する構想が示された。

もう一つは議会に要望書を提出することで行われていた。瀬戸内市民図書館では、市民団体「ライブラリーの会」から図書館整備を求める要望書が提出され、図書館の設置が進められた。要望書には、図書館整備プロセスにおける情報公開と市民参加、公募による専門職館長の就任が含まれていた。また、田原町（現田原市）では、図書館利用者の立場から行政と協働して図書館づくりを行うグループ「図書館フレンズ田原」（以下フレンズ田原）が、後述する基本計画に対して要望書を提出した。

(2) 基本計画から設計に至るまで

基本計画から設計者の選定、さらに基本設計と実施設計に至るまでの段階では、それぞれの事例において市民参加による各種ワークショップや会合が開かれ、各局面で市民の意見が取り入れられていく状況を確認できた。

大船渡市では、複合施設リアスホールの設計にあたり、設計者が市民と行政担当者らと「みんなで大船渡市民文化会館を創る会」（以下創る会）を立ち上げ、市民らとまちの調査ツアーを行った。ワークショップでは、設計者がファシリテータを務め、アンケートの実施、模型を作成しながら話し合いを進め、市民の意見を基本設計と実施設計に反映した。当初のプロポーザル案では図書館の機能はなかった。しかし、ワークショップを通して市民から図書館を要望する強い意見が出されたため、劇場の余白を使うなど調整を図って当初の予算内で図書館をつくることになった。また、地域で誇れるものは何かを話し合う中で、「穴通し磯」であるとの意見が出て、建物全体のデザインに取り入れることになった。

小牧市中央図書館では、中学・高校生を対象に「まちづくりスクールミーティング」が開かれ、高校生が描いた階段でつながった吹抜空間が基本設計や実施設計に反映された。その後に開催された市民ワークショップでは、設計者が考案した「ピクチャー・ランゲージ」を取り入れたイメージカードが使用された。「ピクチャー・ランゲージ」とは、事前に準備した複数の写真をもとに参加者が感じたことや考えたことを文章で表現するものである。カードには上部に写真を載せ下部に文章が書けるようになっている。市民が望む空間をイメージカードを用いて把握し、基本設計や実施設計に反映した。たとえば、カフェで本を読みたいという意見を受け、貸出管理ゲートの設置位置を変更し開架エリアを拡張したことが挙げられる。

日進市では、新図書館の建設に際し基本計画、基本設計、そして建設段階に至るまで行政主導による市民ワークショップが開かれ、適宜、市民の意見が取り入れられた。基本設計の段階では、図書館での過ごし方やヤングアダルトコーナーの配置場所などが検討され、市民の意見を整理した「設計確認カルテ」が作成された。設計者はワークショップにおいて「ジョブカルテ」という設計手法を使用した。「ジョブカルテ」とは、発注者と設計内容の合意形成を図るため、図面だけでは把握しきれない項目を網羅的に整理できる設計ツールである。設計段階では「設計確認カルテ」と「ジョブカルテ」とを用いて、検討事項を実現していった。建設段階でも市民が現場を体験できるワークショップが開かれた。

伊万里市民図書館では、プロポーザル方式で基本設計の設計者が決められた。その際、決め手となったのは、市民の意見を取り入れることで多様な市民活動の場を提供するプランであったことである。実施設計では、市民を中心とした「図書館建設懇話会」から出された意見や要望への対応が進められた。

塩尻市では、市民からなる「図書館基本計画策定懇話会」において図書館の規模や蔵書数、そして前述の提言書で提案された館長公募などを含めて基本計画が検討された。設計者はプロポーザル方式で決まり、提案要件には市長の市政方針により市民との意見交換を行うワークショップの開催が含まれた。ワークショップの開催を通じ、図書館の児童コーナーと子育て支援センターのカウンターを隣接させることができ機能融合の象徴となった。

瀬戸内市では、図書館整備などを選挙公約に掲げた市長のもとで「新瀬戸内市立図書館整備基本構想」が策定された。基本構想をたたき台に市民ワークショップ「としょかん未来ミーティング」が開かれ、図書館に求める事項が市民同士で話し合われた。市民の意見をもとに基本計画や設計図面の検討がなされた。また、小・中・高校生を対象としたワークショップも開かれ、ティーンエイジャーのニーズを知る機会も設けられた。

田原町（現田原市）では、フレンズ田原が図書館を核とした複合施設の「基本計画」に対し、賛同者の署名と一緒に要望書を提出した。これを機に、町は図書館の建設計画に町民の意見を反映させる方針を取るようになった。設計者が指名型プロポーザル方式で決まると、フレンズ田原も含めた町内の各団体にヒアリングが行われた。より多くの町民を対象に情報公開と意見交換等を目的とした「情報広場」が開催され、交わされた意見は基本設計や実施設計に反映された。

(3) 開館後の諸活動

大船渡市では、リアスホールの開館後、創る会は市民が自主的に企画・運営を行うための「企画運営委員会」へと発展した。この委員会では、イベントや行事の企画、施設運営の検討を行っている。

気仙沼図書館は、児童センターと複合化することで新たな利用者層やニーズを開拓し、相乗効果を高めていくことが期待された。当初、設計段階で市民の声を聴くためワークショップの開催が検討されたが、震災の影響を考慮し開かれなかった。その後、設計の終了間際から工事段階を経て開館に至るまで、館内の利用方法も考慮したユニークなワークショップが開催された。たとえば、市民が親しみを感じる色の傾向を把握して、建物の外壁タイルの色に反映したり、子どもたちと地域の自然や文化についてフィールドワークや話し合いをしたりした。開館日にも子どもたちを対象にしたワークショップが開催された。

日進市立図書館は、開館後も市民を対象に図書館の資料や施設を活用したワークショップを開催した。一例として、県の補助金を得て小学生とその親を対象とした屋上緑化にかかわるワークショップが挙げられる。

伊万里市民図書館は、開館にあたり仮置きしていた図書を新図書館へ移動するためにボランティアを募り協働で運搬作業を行った。開館後、すすめる会は解散し、あらたに市民らが図書館を支援し育てる「図書館フレンズいまり」（以下フレンズいまり）が誕生した。フレンズいまりは、図書館☆《ほし》まつりや古本市など多様な行事を企画・主催した。また、市長に司書経験のある館長を配置するよう提言し、全国公募による司書有資格者の館長を配置する道筋をつくった。

塩尻市では、えんぱーくを協働で運営していくため「えんぱーくらぶ」が組織され、サポーターは市主催の行事を補助したり、館内の見回りやガイドツアーを担ったりした。当初、えんぱーくは、市民協働の将来形として「公設市民営」とすることが検討され、えんぱーくらぶがその一翼を担うことが期待された。しかし、市民がえんぱーくの運営を担うことについて多様な意見があり実現に至っていない。

瀬戸内市民図書館では、としょかん未来ミーティングの参加者から図書館友の会の立ち上げ提案があり、「せとうち・もみわフレンズ」（以下もみわフレンズ）が発足した。もみわフレンズは、市の課題を市民との協働により解決する「協働提案事業補助金採択事業」に応募し、図書館を協働パートナーとして文化振興やまちづくりの視点から事業提案を行い採択された。一例として、図書館の郷土資料を使い「瀬戸内市ふるさとかるた」を制作して、子どもたちのふるさと教育を実施したことが挙げられる。

田原町（現田原市）図書館では、フレンズ田原が開館式典の実行委員会のメンバーとして運営にもかかわった。フレンズ田原は、複合施設内のフリースペースで、図書館の除籍本や寄贈本を販売する事業「リサイクル・ブック・オフィス」を行った。この事業で得た収益から大活字本を購入して図書館に寄贈した。フレンズ田原は、この事業を実施するにあたり、団体としての責任や透明性を保つため「特定非営利活動法人たはら広場」（以下たはら広場）に組織改編した。たはら広場は、ボランティアグループ「おおきなかぶ」を図書館と立ち上げ、手づくり布絵本の作成など図書館のさまざまな活動を支援している。

つづき図書館ファン倶楽部（以下ファン倶楽部）は、都筑図書館との協働、区内の図書施設の支援や読書環境充実のために活動する市民団体である。ファン倶楽部が実施した講座やイベントから、「つづきっこ読書応援団」や「つどおうJiJiBaBa隊」など図書館活動を支援する団体が生まれ、ファン倶楽部と連携しながら活動している。また、市長が行う広聴の機会を利用し、図書館の価値を理解してもらえるよう働きかけたり、市の子ども読書活動推進計画策定委員会に参加し、公立学校への学校司書配置の実現にかかわったりもした。

(4) 図書館活動の評価

図書館は、内部よる自己評価に加え外部からの評価を通して、管理運営や提供されるサービス活動について説明責任を果たし透明性を確保する必要がある。ファン倶楽部は、これまで行ってきた図書館とファン倶楽部との協働を、ほかの市民グループにもひろげるため「都筑図書館から未来を描く協働の会」を発足した。この会では、毎年、都筑図書館の外部評価を行っている。評価は図書館職員による内部評価を市民・利用者の目線で評価するもので、図書館運営に市民の意見を反映させる大切な機会となっている。

外部評価は、伊万里市民図書館の「フレンズいまり」、田原町（現田原市）図書館の「たはら広場」、そして瀬戸内市民図書館の「もみわフレンズ」が役割を果たし得ると考えられる。これらの団体は、協力と提言や、行政と協働した図書館づくりを掲げていることから、図書館と対等な立場で図書館に対する評価を行うことが期待される。

2.「協働」による図書館づくり

本書の各図書館における市民協働の事例から、図書館友の会を組織して多様な行事を企画・主催したり、諸活動を展開したりしている状況がわかった。また、各種ボランティア団体が子どもたちへの読み聞かせや障がい者への対面朗読などのサービスを支援していた。これらの団体は、古本や図書館の除籍本などの販売で得た収益を自らの活動資金に充てたり、大活字本を購入して図書館に寄贈したりしていた。

二〇〇六年、文部科学省の協力者会議が図書館改革の指針としてまとめた提言「これからの図書館像――地域を支える情報拠点をめざして（報告）」では、全国の約半数の図書館ではボランティアとの連携・協力により活動の充実を図っていると報告している。その上で、次の二点を示すことで、地域の人たちに図書館運営に積極的に参画することを求めている。第一に、地域の人たちが自主的な組織をつくり、図書館を支える多様な活動を行っている事例があること、第二に、こうした活動は地域の人たちが図書館の機能を理解し、社会参加意識を醸成する上でも有意義であることである。(1) そのため、図書館友の会やボランティアによる市民協働は、図書館運営の方法の一手法となり得るだろう。

本書で取り上げた塩尻市では、市民協働の将来形として図書館を含めた複合施設のえんぱーくを「公設市民営」とすることが検討され、サポート組織のえんぱーくらぶがその一翼を担うことが期待された。図書館運営には、地方自治体が直接、管理運営する形態(以下直営)に加えて、指定管理者制度や業務委託などがある。地方自治体の「ひと」や「かね」を取り巻く諸事情から、指定管理者制度を導入する図書館が増加傾向にある。しかし、管理運営に対する信頼性と継続性の確保が困難であるとの指摘がなされている。(2) 市民営は米国のニューヨーク公共図書館に見られるように有効な手法とも言えよう。

本書の事例では、いずれも直営による運営がなされていた。この点に関連して、大阪府の熊取町立熊取図書館(以下熊取図書館)は、直営のもとで住民と協働しながら、ともに図書館を育てていくことの重要性を次のように指摘しており、図書館の管理運営のあり方を検討する上で参考になる。すなわち、同館の運営は、これまで直営であったことから、住民との協働が広がり図書館を活用しながら多様な学びの場を提供できた。図書館にかかわる団体は六〇を超え、図書館運営を支援する「応援団」の輪が広がりつつある。図書館の利用を通じて学んだ住民は、自己研鑽のみならず、当事者意識をもって地域づくりに積極的に関与しようとしている。この図書館には司書が配置され、さまざまな場面で図書館にかかわる団体と対等な立場で協議を重ねることで信頼関係を築いてきた。これまで、地域の課題を踏まえて児童、高齢者、障がい者といった利用者を意識しながらサービスを拡大してきた。こうしたサービスは、図書館単独の事業ではなく住民や団体との連携で行われており、これまでの積み重ねが真の協働を進める上での重要な基盤になっているという(3)。

熊取図書館の取り組みからも、直営のもとで市民協働を進めることは指定管理者制度の導入による問題を補完し得るとも考えられる。市民協働にあたっては、行政主導となったり、経費節減の手段として利用されたりすることがないよう留意しなければならない。また、前述のえんぱーくでは、市民営によりサポート組織が複合施設の運営を担うことに多様な意見があり、実現に至っていない。こうした実情も踏まえて市民営の検討を行う必要があるだろう。

本書では、伊万里市民図書館や田原町（現田原市）図書館といった複数の図書館において館長公募の要望が出されたり、外部から適任者を招へいすることが検討されたりしていた。図書館が市民や団体との協働にあたり信頼性を確保するには、館長の資質も重要となることの表れとも受け止められる。

3. 図書館が地域をささえる

本書で取り上げた瀬戸内市民図書館では、市民が図書館づくりに参加し協働することで「自分たちのまちの図書館は自分たちで考え、必要があれば行動を起こす」という当事者意識の萌芽を確認できた。また、小牧市中央図書館では、市民がワークショップを通じて図書館づくりに参加し、さまざまな角度から検討を繰り返すことで、市民が地域の一員であると認識できるようになるとしている。この点も当事者意識の芽生えと捉えられよう。前述した熊取図書館でも、当事者意識をもって地域づくりに積極的にかかわる住民の状況が見られた。市民は図書館づくりのプロセスにかかわることで、図書館に対する理解を深めることができ、図書館は市民参加と協働によって機能と役割の向上を期待できる。図書館の機能と役割とは、市民の抱える課題解決のために情報提供したり、生涯学習を振興したりすることであり、参加と協働を得てこれらが向上することで、地域活性化にもつながると考えられる。図書館は公民館や博物館といった社会教育施設の中でも利用率と認知度が高く(4)、図書館のこうした集客力が、中心市街地の再生に大きく貢献するとの指摘があることも理由になり得ると言えよう(5)。

地域活性化と図書館との接点は、地方分権の推進にあたり制定された「中心市街地の活性化に関する法律」とのかかわりで捉えられる。この法律が制定された背景には、地方都市で郊外化現象が進み、中心市街地の衰退や空洞化が顕著になってきたことが挙げられる。図書館がもつ集客力に着目し、中心市街地活性化や駅前再開発の中に図書館を取り込み、他の公共施設と複合化したり、商業施設を併設したりすることで、賑わい創出が期待できる。(6) 本書においても、塩尻市立図書館は図書館の建設を中心市街地活性化計画の中に位置付けており、気仙沼図書館は児童センターと複合化されている。二つの事例はこうした状況を裏付けているとも言えるだろう。

群馬県太田市美術館・図書館は、中心市街地活性化の拠点として計画され、設計プロセスにおいて、「これからの太田市をつくる」という意図のもとに市民ワークショップを行った。この点は本書の事例と共通しているが、ワークショップの進行を設計者や行政関係者ではなく、別に選任されたファシリテータに委ねている点に違いを見出せる。ワークショップは毎回テーマを決め、設計者が提示する複数案から一つを選択する形で進められた。その際、形式的な市民参加に陥らないよう設計者や行政関係者が関与したり、事後に決定事項を覆されたりしないとされた。ワークショップは「合意」ではなく「総意」を得ることが重視された。その際、まちのため、市民のために自分が「したいこと」の意見を参考に「総意」が見出された。「したいこと」とは未来の利用者の意見としても捉えられる。この過程では、参加者相互の「したいこと」を共有し、認め合い、実現できるよう調整がなされた。(7) 施設完成後、「したいこと」を意見した市民は、施設内のカフェの運営に携わっており、協働へのつながりを見出すことができる。

本書で取り上げた日進市立図書館や瀬戸内市民図書館では行政関係者が、大船渡市のリアスホールと小牧市中央図書館では設計者がそれぞれワークショップを進めていたが、話し合いの中で「したいこと」を取り上げて検討する状況を確認できた。このように、図書館づくりでは「したいこと」の意見に着目し、相互調整によって「総意」を形成することが、地域をささえる源泉になると言えるだろう。

図2は本書で取り上げた事例をもとに、図書館が地域をささえる状況を示している。本書では経営資源の一つである「ひと」に着目し、参加と協働を通して市民が図書館をささえる事例を紹介した。こうした状況から、図書館の機能と役割を高めることにつながり、ひいては図書館が地域の活性化に寄与し

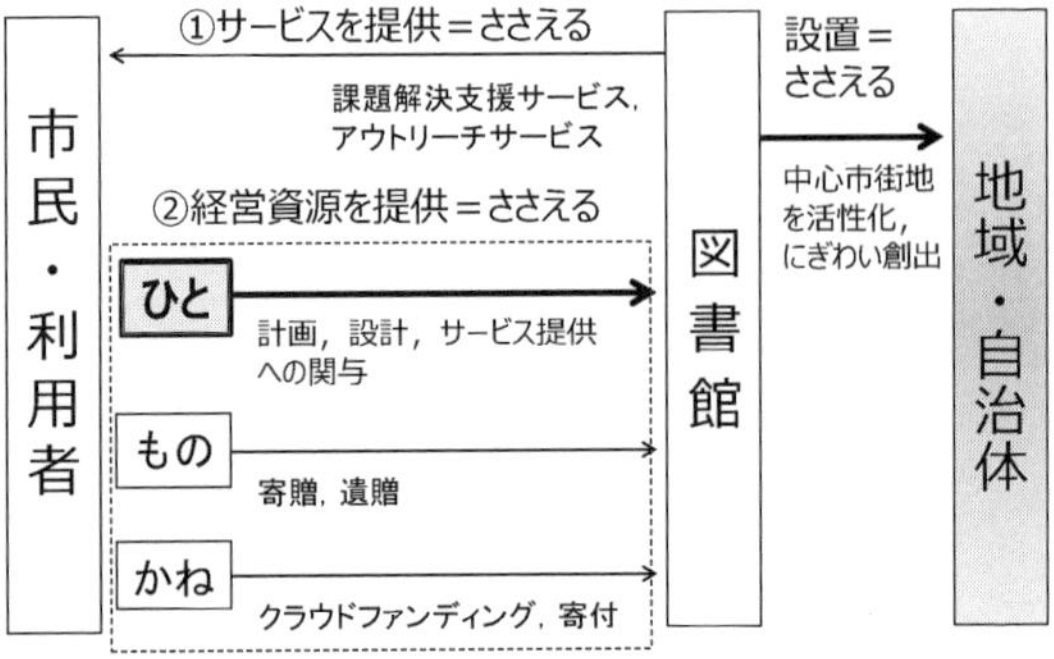

図2　図書館が地域をささえる概念図
(出所)筆者作成

得ることを提示できた。

図書館が地域をささえることにかかわる動きとして次のことが挙げられる。これまで公立の図書館や博物館などの社会教育施設は教育委員会が所管してきた(8)。二〇一九年五月、いわゆる「第9次地方分権一括法」の成立により、まちづくりや観光など他の行政分野との一体的な取り組みを推進するため、地方公共団体がより効果的と判断する場合には、特例として条例に

より地方公共団体の長がこれらの施設を所管できることになった。ただし、社会教育が適切に実施できるよう一定の担保措置を講じることが義務付けられた。また、学校教育との連携や教育の中立性等を確保するため、教育委員会の関与について一定の規定を設けている。[9] たとえば、首長部局が図書館を所管する場合、教育委員会が必要に応じて首長に対し意見を述べることができるとされた。[10]

こうした動きは、図書館が地域をささえる一つのあり方を示していると言えるだろう。首長部局への移管に際しては、図書館が「民主主義の砦」としての役割を果たしていくためにも、政治的中立性を確保していくことが重要となるだろう。

注・引用文献

（1）これからの図書館の在り方検討協力者会議『これからの図書館像――地域を支える情報拠点をめざして（報告）』文部科学省、二〇〇六年、九四頁、参照は六頁 https://warp.da.ndl.go.jp/info:ndljp/pid/286184/www.mext.go.jp/b_menu/houdou/18/04/06032701/009.pdf（最終アクセス：二〇二一年八月八日）

（2）図書館の外部委託については、日本図書館協会図書館ハンドブック編集委員会編『図書館ハンドブック 第6版補訂2版』日本図書館協会、二〇一六年、六九四頁、一四五―一四六頁が詳しい。

（3）熊取町図書館協議会『「これからの熊取町立熊取図書館の管理運営のあり方について（提言）」の検証について（答申）』熊取町図書館協議会、二〇一九年、三四頁、参照は一九―二〇頁 https://www.town.kumatori.lg.jp/ikkrwebBrowse/material/files/group/22/tousin20190420.pdf（最終アクセス：二〇二一年八月八日）

（4）利用率については、直近六か月間で一度でも利用したことがある社会教育施設を複数選択で回答を求めたところ、図書館（四三・二％）がもっとも高かった（日本経済研究所『学習活動やスポーツ、文化活動等に係るニーズと社会教育施設等に関する調査報告書』日本経済研究所、二〇〇六年、三六〇頁、参照は三七―四〇頁）。認知度については、居住地域にある社会教育施設の中で図書館（六五・一％）が「施設の具体的な役割・活動内容を知っている」とする回答がもっとも多かった（文部科学省「社会教育施設の利用者アンケート等による効果的社会教育施設形成に関する調査研究報告書」二〇一一年、https://www.mext.go.jp/a_menu/01_l/08052911/1306239.htm（最終アクセス：二〇二一年八月八日））。図書館の集客力と認知度の高さに着目し、まちづくりのあり方を論じた研究には、糸賀雅児「まちづくりを支える図書館」『月刊ガバナンス』一八四号、二〇一六年、一七―一九頁などがある。

（5）菅孝能「中心市街地活性化と図書館」『図書館雑誌』九五巻七号、二〇〇一年、四七四―四七七頁

（6）糸賀雅児「まちづくりと図書館の接点」『図書館雑誌』一一一巻五号、二〇一七年、二八八―二九一頁

（7）氏原茂将「市民と〈設計〉した公共空間――太田市美術館・図書館における基本設計ワークショップ――」『カレントアウェアネス』三三六号、二〇一八年、二―五頁 https://current.ndl.go.jp/ca1924（最終アクセス：二〇二一年八月八日）

（8）地方自治法の事務委任および補助執行制度により、これまでも首長部局が社会教育施設の事務を行うことは可能であり、この制度によって他部局と連携を図る図書館も見られる。

（9）中央教育審議会生涯学習分科会（第一〇二回）配付資料「地域の自主性及び自立性を高めるための改革の推進を図るための関係法律の整備に関する法律（社会教育関係抜粋）（概要）」

https://www.mext.go.jp/b_menu/shingi/chukyo/chukyo2/siryou/1418411.htm（最終アクセス：二〇二一年八月八日）。関係法令は地方教育行政の組織及び運営に関する法律 第二十三条

（10）地方教育行政の組織及び運営に関する法律 第三十三条第三項。そのほか、社会教育法第八条の二、同法第八条の三がある。

執筆者紹介（掲載順）

（所属・役職は二〇二一年一〇月三一日現在の情報）

青柳英治（あおやぎ・えいじ）（編著）

明治大学文学部教授。筑波大学大学院図書館情報メディア研究科博士後期課程修了。博士（図書館情報学）。

主な著作に、『専門図書館探訪——あなたの「知りたい」に応えるガイドブック』（共著、勉誠出版、二〇一九年）、『専門図書館の役割としごと』（共編著、勁草書房、二〇一七年）、『ささえあう図書館——「社会装置」としての新たなモデルと役割』（編著、勉誠出版、二〇一六年）、『専門図書館の人的資源管理』（単著、勉誠出版、二〇一二年）などがある。

新居千秋（あらい・ちあき）

（株）新居千秋都市建築設計 代表取締役社長。武蔵工業大学工学部建築学科卒業、ペンシルベニア大学大学院修了、ルイス・カーン建築事務所、ロンドン市テームズ・ミード都市計画特別局などを経て現職。

主な受賞に、第二九回村野藤吾賞（二〇一六年、新潟市秋葉区文化会館）、第一四回公共建築賞文化施設部門最優秀賞（二〇一四年、大船渡市文化会館・市立図書館）、日本建築大賞（二〇一〇年、大船渡市文化会館・市立図書館）、日本建築学会賞（二〇〇四年、横浜赤レンガ倉庫）、第一八回吉田五十八賞（一九九三年、水戸市立西部図書館）ほか七七の受賞がある。

上田晃平（うえだ・こうへい）

（株）新居千秋都市建築設計。近畿大学建築学部建築学科卒業、京都工芸繊維大学大学院工芸科学研究科建築学専攻修了。
主な受賞に、グッドデザイン賞（新居千秋・村瀬慶彦のチームの一員として、二〇二一年、小牧市中央図書館）、里山住宅博in神戸学生コンペティション最優秀賞（二〇一六年）、近畿大学卒業設計展優秀賞（二〇一五年）、キルコス国際建築設計競技金賞（二〇一五年）がある。

柳瀬寛夫（やなせ・ひろお）
（株）岡田新一設計事務所 代表取締役社長。早稲田大学教育学部非常勤講師、明治大学文学部兼任講師、日本図書館協会図書館施設委員会委員、早稲田大学大学院理工学研究科修士課程修了。
主な著作・受賞に、『図書館施設論』（共著、日本図書館協会、二〇二〇年）、キッズデザイン賞（二〇一九年、気仙沼図書館・児童センター／二〇一六年、八千代市立中央図書館・市民ギャラリー）、バリアフリー・ユニバーサルデザイン推進功労者 内閣府特命担当大臣表彰優良賞（二〇一二年、日進市立図書館）、公共建築賞優秀賞、日本建築家協会建築優秀選、日本図書館協会建築賞（二〇一〇年、新潟市立中央図書館など）がある。

古瀬義孝（こせ・よしたか）
元伊万里市民図書館館長、元市立図書館建設準備室長。明治大学政治経済学部経済学科卒業。一九七一年から伊万里市役所に勤務、二〇一六年退職。
主な著作に、「知の銀河系での日々――伊万里市民図書館、準備から開館へ」（単著、『草茫々通信』九号、二〇一六年）、『伊万里湾の帆影――鍋島海軍のルーツを探る』（分担執筆、佐賀新聞社、二〇一五年）などがある。

是住久美子（これずみ・くみこ）
田原市図書館館長。同志社大学大学院総合政策科学研究科修了。修士（政策科学）。
主な著作に、「図書館を拠点とした地域資料の編集とデジタルアーカイブの発信」（単著、『図書館界』七二巻四号、二〇二〇年）、「図書館のサービスイノベーションの引き金となる、ウィキペディアタウン」（単著、『ライブラリー・リソース・ガイド（LRG）』二五号、二〇一八年）などがある。

嶋田　学（しまだ・まなぶ）
京都橘大学文学部教授。元瀬戸内市民図書館館長。同志社大学大学院総合政策科学研究科修了。
主な著作に、『公立図書館と都市経営の現在――地域社会の絆・醸成へのチャレンジ』《都市経営研究叢書4》（分担執筆、日本評論社、二〇二〇年）、『図書館・まち育て・デモクラシー――瀬戸内市民図書館で考えたこと』（単著、青弓社、二〇一九年）などがある。

伊東直登（いとう・なおと）
松本大学図書館館長／教授。元塩尻市市民交流センター長兼塩尻市立図書館館長。明治大学文学部史学地理学科卒業。
主な著作に、「複合施設における子育て支援センター利用者の図書館利用と意識調査」（共著、『地域総合研究』二〇号（Part1）、二〇一九年）、「複合施設における図書館の運営とサービス――塩尻市立図書館の事例を中心に」（単著、『図書館界』六九巻二号、二〇一七年）などがある。

若杉隆志（わかすぎ・たかし）
つづき図書館ファン倶楽部代表、都筑図書館から未来を描く協働の会会長。法政大学社会学部社会学科卒業。神奈川県教育委員会、法政大学大原社会問題研究所で図書館業務に従事。二〇一三年退職。
主な著作に、「法政大学大原社会問題研究所における資料保存――小規模研究所ライブラリーの取り組みから」（単著、『現代の図書館』四六巻二号、二〇〇八年）、『現代の公共図書館・半世紀の歩み』（共編著、日本図書館協会、一九九五年）、『図書館があぶない』（共編著、教育史料出版会、一九八六年）などがある。

索　引

ライブラリーぶっくす

市民《しみん》とつくる図書館《としょかん》
参加《さんか》と協働《きょうどう》の視点《してん》から

2021 年 12 月 20 日　初版発行

編　著　青柳英治
制　作　㈱勉誠社
発　売　勉誠出版㈱
〒 101-0061　東京都千代田区神田三崎町 2-18-4
TEL：(03)5215-9021(代)　FAX：(03)5215-9025
〈出版詳細情報〉 http://bensei.jp

印刷・製本　三美印刷㈱
ISBN978-4-585-30003-8　C0000